FONDAZIONE
TOMMASO FEDERICI

Cristo Signore Icona del Padre

Atti del Convegno
Abbazia di Santa Maria di Pulsano
5-6 ottobre 2012

a cura di
Paolo Federici

Atti del Convegno
Cristo Signore Icona del Padre
Abbazia di Santa Maria di Pulsano
5-6 ottobre 2012

A cura di:
Paolo Federici

Questo volume raccoglie gli interventi svolti dai relatori e dai partecipanti nel corso del convegno, organizzato dall'Abbazia di Santa Maria di Pulsano con la collaborazione di un gruppo di alunni del Professore e con il patrocinio della Fondazione a lui intitolata, per celebrare il decennale della nascita al cielo di Tommaso Federici.
Il proposito che ha dato origine al convegno era quello di approfondire le tematiche più sentite e sviluppate dal prof. Tommaso Federici, diffondere il suo lavoro teologico e proseguire la sua opera costantemente indirizzata a offrire aiuti per una lettura più fruttuosa e intelligente del Testo Sacro sia nella vita di comunità durante la Liturgia, che in privato per pregare, meditare, studiare.

ISBN: 978-88-905575-3-8
Edizioni Fondazione Tommaso Federici
Roma, maggio 2013

Questo testo è rilasciato sotto la licenza Creative Commons Attribuzione-NonCommerciale-Convidi allo stesso modo-2.5.
Per leggere una copia della licenza:
http://www.creativecommons.it/Licenze/Deed/by-nc-sa

Sommario

Prefazione 5
Saluti, Ringraziamenti e Presentazione del Convegno
   Saluto di benvenuto — M.V. Porfiri 9
   Apertura dei lavori — S.E. Mons. M. Castoro 13
   Presentazione del Convegno — S.E. Mons. V. Apicella .. 17
Sezione I — Ermeneutiche liturgiche postconciliari
   Introduzione — L. Crociani o.s.m. 27
   Ermeneutiche liturgiche postconciliari — Don M. Sodi .. 28
      1. Il libro liturgico, strumento per educare? 29
      2. Documenti 36
      3. Periodici e attività editoriali 40
      4. Quale ermeneutica? 46
      5. Conclusione 51
   Conclusioni — L. Crociani o.s.m. 52
   Dibattito 52
Sezione II — La Scrittura nella vita della Chiesa dalla *Dei Verbum* alla *Verbum Domini*
   Introduzione — Don L. Maule 71
   La Scrittura nella vita della Chiesa dalla *Dei Verbum*
   alla *Verbum Domini* — Padre G. Odasso c.r.s. 74
      1. Lontananza del popolo dalla Scrittura 75
      2. Il contributo della "*Dei Verbum*" 79
      3. Il documento sull'interpretazione della Bibbia 84
      4. La Bibbia nella vita della Chiesa 85
      5. Il testo "Incontro alla Bibbia" dell'Ufficio
      Catechistico Nazionale 88
      6. L'intervento dell'episcopato francese del 1997 90
      7. Il popolo ebraico e le sue Sacre Scritture
      nella Bibbia cristiana 92

    8. L'esortazione apostolica *"Verbum Domini"* 94
    9. Rilievi e prospettive..98
Conclusioni — Don L. Maule 108
Dibattito 109

Sezione III — Gli sviluppi del dialogo ecumenico tra Oriente e Occidente

Introduzione — L. Fioriti 119
Gli sviluppi del dialogo ecumenico tra Oriente
e Occidente — P. Gionfriddo 123
Conclusioni — L. Fioriti..137
Dibattito 139

Sezione IV — Scrittura-Liturgia-Ecumenismo nel pensiero e nell'opera di Tommaso Federici

Introduzione — S.E. Mons. V. Apicella 145
Scrittura-Liturgia-Ecumenismo nel pensiero e
nell'opera di Tommaso Federici — L. Crociani o.s.m....148
    1. La Parola della Resurrezione 152
    2. Liturgia, risposta alla Parola della Resurrezione 158
    3. La divinizzazione, conseguenza dei divini misteri............165
    4. Conclusioni...168
Conclusioni — S.E. Mons. V. Apicella 172
Dibattito 174

Programma del Convegno 183

Prefazione

Questo libro, pubblicato a cura della *Fondazione Tommaso Federici*, contiene gli atti integrali del Convegno organizzato il 5 e 6 ottobre 2012 per ricordare la figura del professor Tommaso Federici, a dieci anni dalla sua scomparsa avvenuta il 13 aprile 2002.

Nel volume è riportata la trascrizione, per quanto possibile fedele alla lettera, di tutto quanto è stato detto durante il Convegno: non soltanto i profondi interventi dei relatori, ma anche le preziose discussioni attivate al termine di ciascuna relazione sulla base degli stimoli giunti dalle domande del pubblico.

Quando nel 2010 l'Assemblea dei Soci della Fondazione decise di organizzare questo Convegno, apparve subito naturale individuare la sua sede presso l'Abbazia Santa Maria di Pulsano, che si trova sul ciglio del Gargano, nel Comune di Monte Sant'Angelo in Provincia di Foggia.

Questa proposta, sicuramente più suggestiva di tutte le altre, sembrò quasi ovvia perché Tommaso Federici era molto legato a questa rinata Abbazia, tanto che alla sua morte fu deciso di farne riposare le spoglie nel suo piccolo cimitero. Inoltre, nella bellissima biblioteca dell'Abbazia, a lui intitolata, sono conservati i suoi numerosi e preziosi libri.

Come spiega bene S.E. Monsignor Vincenzo Apicella, già allievo del professore, nel suo intervento di presentazione del Convegno, la scelta dei temi su cui si sarebbe incentrato il Convegno non è stata commemorativa della figura di Tommaso Federici, come pure in queste occasioni apparirebbe naturale, e neanche celebrativa. Si è scelto invece di affrontare alcune delle tematiche a lui molto care, come Liturgia, Scrittura ed Ecumenismo, nella volontà di proseguire il percorso da lui indicato.

A parlare di questi argomenti sono stati chiamati alcuni eminenti studiosi, che hanno prontamente e con grande partecipazione aderito: Don Manlio Sodi, Monsignor Giovanni Odasso, Padre Lamberto Crociani, Padre Lodovico Maule e i Diaconi Luigi Fioriti e Paolo Gionfriddo.

Al Convegno hanno preso parte numerose persone, religiose e laiche, e altri ancora, che non potevano essere presenti, hanno seguito i lavori tramite la diretta su internet messa a disposizione dell'Abbazia.

La Fondazione intende ringraziare ancora una volta in questa sede i relatori tutti, l'Abbazia di Santa Maria di Pulsano e i suoi monaci, ma anche le persone che con il loro aiuto hanno permesso di dare ospitalità ai partecipanti.

Saluti, Ringraziamenti e Presentazione del Convegno

Saluto di benvenuto

Maria Vittoria Porfiri[1]

Buongiorno a tutti, ai Soci della Fondazione, a chi conobbe e fu amico del professor Federici, e un caloroso benvenuto in particolare a tutti coloro che si avvicinano oggi per la prima volta alla sua opera e alla Fondazione.

Sono Maria Vittoria Porfiri, molti di voi mi conoscono perché sono la cognata del professor Tommaso Federici, e la presidente della Fondazione che a lui è intitolata.

Voglio, innanzitutto, rivolgere un ringraziamento a tutti gli intervenuti, che contribuiscono con la loro presenza a tenere viva la memoria del professor Federici.

Un ringraziamento particolare vorrei rivolgerlo anche ai monaci dell'Abbazia di Pulsano per l'ospitalità offertaci e per l'essersi prodigati senza risparmio per l'organizzazione di questo evento.

La Fondazione è stata costituita 10 anni fa, pochi mesi dopo la scomparsa del professore, dal fratello Angelo, mio marito, che ne fu il primo presidente fino al 2005, dalla nostra famiglia, da alcuni tra i suoi allievi ed amici.

Dopo dieci anni di vita, è tempo di fare un bilancio delle attività svolte dalla Fondazione: anche se non sempre ce ne rendiamo conto, in questi dieci anni molto è stato fatto, anche se molte sono ancora le cose che vorremmo fare.

Sono stati organizzati oltre cinque incontri, tra presentazioni di libri pubblicati, conferenze e convegni.

È stata censita, catalogata e messa in ordine quasi tutta la preziosa biblioteca lasciataci dal professore, comprese le

---

[1] Presidente della Fondazione Tommaso Federici

registrazioni di alcuni suoi interventi. Tutto questo materiale ora è custodito in questa Abbazia, a cui la Fondazione l'ha affidato in comodato, nella Biblioteca che porta il suo nome.

Sono stati inoltre dati alle stampe: un inedito cui lavorava il professore negli ultimi anni, due suoi libri da tempo esauriti, oltre ad altri due usciti al tempo solo come dispense. Questi ultimi due, usciti nel corso dell'ultimo anno, insieme agli Atti del Convegno che si svolse proprio qui in questa Abbazia nel 2010, sono stati pubblicati come Edizioni Fondazione Tommaso Federici.

Per queste pubblicazioni il nostro ringraziamento va al professor Lamberto Crociani, a Monsignor Vincenzo Apicella e a mio figlio Paolo Federici, che a vario titolo hanno curato la revisione, la rimpaginazione e la ripubblicazione di questo materiale.

Il professor Federici ci ha lasciato un numero enorme di opere, di dispense di corsi e di lezioni tenuti nell'università di Sant'Anselmo, nell'Abbazia di Santa Scolastica, a Subiaco, nell'università Urbaniana, in varie diocesi.

La speranza e l'obiettivo della Fondazione è di poter un giorno pubblicare tutto questo patrimonio, per metterlo a disposizione degli studiosi e di tutte le molte persone a cui può interessare ed essere prezioso supporto.

La Fondazione, come leggete nel foglio che trovate nella cartellina, si propone anche diversi altri obiettivi, tra cui soprattutto due vorrei ricordare:
— promuovere e sostenere iniziative di studio, meglio ancora se coinvolgono giovani studiosi, sull'opera del professor Federici o che ne riprendano gli spunti, proseguendo il suo lavoro;
— promuovere e sostenere qualsiasi occasione di incontro, quale appunto il Convegno di questi giorni, tra persone

interessate a esaminare, discutere, approfondire i tanti insegnamenti e riflessioni lasciati da Tommaso Federici, incontri in cui partecipino, proprio come oggi, persone di ogni provenienza: religiosi e laici, sacerdoti, monaci e diaconi, latini e bizantini o anche di altri riti, in piena attuazione di un suo insegnamento.

Voglio ancora rivolgere un ringraziamento particolare a tutti voi per la vostra partecipazione al ricordo di Tommaso, e per tutto l'affetto sincero che avete dimostrato nei suoi confronti.

Si tratta di un ringraziamento doveroso e sentito da parte mia, unica superstite della famiglia della sua generazione, che ancora sente il grande vuoto lasciato dalla sua persona. Per questo, per ricordarlo insieme, spero di incontrarvi ancora in altre occasioni.

Non mi resta che chiudere augurando a tutti voi di svolgere proficuamente i lavori in questi giorni e anche di trascorrere dei piacevoli momenti comunitari nella bella Abbazia che ci ospita.

Apertura dei lavori

S.E. Mons. Michele Castoro[1]

Ringraziamo per il saluto la signora Maria Vittoria.

È con grande gioia che apro ufficialmente i lavori di questo Convegno, porgendo il mio caloroso benvenuto a tutti gli illustri presenti, Sua Eccellenza Monsignor Vincenzo Apicella, Vescovo di Velletri - Segni, con cui si è stretta una particolare amicizia, già da qualche anno, accresciuta proprio grazie all'Abbazia in cui ci troviamo, a Sua Eccellenza Monsignor Sotir Ferrara, di cui apprezziamo fortemente la presenza, conoscendo bene le difficoltà che ha dovuto fronteggiare pur di poter essere presente. E poi di seguito i relatori monsignor Lodovico Maule, padre Giovanni Odasso, padre Lamberto Crociani, don Manlio Sodi, i Diaconi Paolo Gionfriddo e Luigi Fioriti, e infine la signora Maria Vittoria Porfiri, Presidente della Fondazione. Ma saluto di cuore anche tutti i presbiteri, i monaci dell'Abbazia e il popolo di Dio qui radunato.

In questa pienezza di carismi davvero mi pare di vedere, qui ricamata, la tunica di Giuseppe in tutti i suoi cangianti colori o la Chiesa sposa, con tutti i suoi doni di *Ofir*, seduta alla destra di Cristo Risorto, come canta il Salmo 44 e come si intitola il nostro convegno.

Non posso non ricordare la stessa ricchezza e partecipazione realizzatasi due anni fa, quando, nel settembre del 2010, ci incontrammo in questo medesimo luogo per preparare il terreno di questo Convegno, che mi auspico possa adornare la nostra Chiesa di ricchi doni spirituali. Mi

---

[1] Arcivescovo di Manfredonia, Vieste e San Giovanni Rotondo

sovvengono a proposito, e trovo ancora calzanti, le parole pronunciate, in quell'occasione, da monsignor Apicella: «*Non siamo qui per glorificare il professor Federici ma per arricchire la Chiesa e i fratelli, mettendo a frutto quanto il professore ci ha lasciato*».

Questo umile, altruistico servizio, del resto, è stato quanto ha fatto lo stesso professor Federici, il quale mise da parte se stesso, e mise a parte tutti della abissale conoscenza che aveva dei Padri, della Liturgia, della Parola.

Non c'è, quindi, modo migliore, ora, di ricordare la sua persona che seguire il suo esempio il cui luminoso stile laicale ben avrebbe potuto figurare nell'opera omonima di H. von Balthazar.

La sua è stata, ed è tuttora, una testimonianza viva e potente di quanto il laicato possa operare e influire nella Chiesa, testimonianza che incarna veracemente le più urgenti aspettative Conciliari—siamo a 50 anni dall'apertura del Concilio—e prezioso modello per le più recenti linee del Magistero episcopale, da me personalmente perorate, sul risveglio del laicato nella nostra Diocesi.

Nello specifico, a questo riguardo, non posso non ricordare, come pastore di questa Chiesa, quanto egli ha, instancabilmente, operato per la nostra Arcidiocesi, quando, chiamato dai miei predecessori, monsignor Valentino Vailati e monsignor Vincenzo D'Addario, ha partecipato, come relatore, a numerosi incontri diocesani, organizzato svariati convegni vocazionali e diretto corsi di formazione per il clero e per i catechisti senza contare gli incontri parrocchiali e interparrocchiali, e tutto questo per almeno un ventennio, in una dedizione costante, totale e incondizionata.

Da tanta abbondante semina, non potevano non scaturire copiose messi. Anzitutto quest'Abbazia, in cui ci troviamo ora, insieme a lui—qui il suo corpo riposa per suo volere—che è rinata proprio a partire dal suo interessamento. Non possiamo tacere neppure lo splendore delle icone che rifulge in tante nostre parrocchie, patrimonio delle chiese di Puglia, che è stato sensibilmente rispolverato e consapevolizzato dall'attenzio-ne del professor Federici ai riti orientali. E, ancora, l'atten-zione alla Parola di Dio tramite la *Lectio Divina*, religiosamente svolta nello Spirito Santo, da lui così calorosamente sostenuta e di cui ha voluto quali corifei non soltanto i monaci qui presenti ma anche, e soprattutto, i presbiteri in cura d'anime e tutto il Popolo di Dio, anticipando, in questo, i desideri del Santo Padre Benedetto XVI, anch'egli grande patrocinatore della *Lectio Divina*. Infine si deve ricordare la fitta rete di relazioni da lui intessuta fra la nostra Arcidiocesi e le Chiese d'Oriente, a cominciare dalle Eparchie di Lungro e Piana degli Albanesi, oggi qui degnamente rappresentate, in uno zelo ecumenico che per lui non fu mai puro diletto pastorale ma parte essenziale dell'economia della salvezza che il Padre opera tramite il Figlio nello Spirito Santo.

Queste aree predilette dell'intervento del professor Federici sono tutte efficacemente sintetizzate nel titolo di questo Convegno, *Cristo Signore Risorto Icona del Padre nello Spirito Santo nelle Chiese di Oriente e di Occidente* e saranno ampiamente sviluppate nelle conferenze e nei dibattiti che, ora, seguiranno e che lascio volentieri introdurre a Sua Eccellenza Apicella, discepolo più che entusiasta del professor Federici.

Io, purtroppo, mi scuso, non potrò essere presente tutta la giornata, ma sarò questa sera ancora con voi per la celebrazione eucaristica e poi per la cena fraterna. Grato per un sì prezioso patrimonio da custodire e da incrementare, auguro a tutti i presenti un proficuo lavoro e l'ausilio amoroso della Vergine Odigitria di Pulsano. Grazie.

Presentazione del Convegno
—
S.E. Mons. Vincenzo Apicella[1]

Anzitutto desidero ricordare tutte le persone che, in questi anni, sono state vicine alla Fondazione Tommaso Federici, l'hanno sostenuta e l'hanno arricchita con la loro presenza, con il loro contributo qualificato, a cominciare da Angelo, il fratello del Professore, che è, anche lui, ormai nel Regno dei Viventi, innanzi al volto del Padre, a seguito di una malattia, anche in questo caso, rapida e dolorosa.

Altri due prestigiosi e amati collaboratori della Fondazione hanno raggiunto la Gerusalemme del Cielo: Padre Eleuterio Fortino, Sottosegretario del Segretariato per l'Unità dei Cristiani e Padre Emmanuele Lanne, grande amico e collega del Professore ai tempi della costituzione dell'Istituto Liturgico di Sant'Anselmo.

Ma colui che mi offre lo spunto per iniziare questa piccola introduzione è un'altra eminente figura di cristiano, di pastore e di teologo, anch'essa recentemente scomparsa: il Cardinale Carlo Maria Martini, il quale è stato molto vicino alle fatiche del Professore già da tempi lontani.

Se torniamo a leggere l'introduzione che il professor Federici scrisse per il primo volume di Commentario al Lezionario, quello per il Lezionario del Bizantino, troverete un ringraziamento davvero sentito per il Cardinal Martini, il quale, non solo stimava personalmente e promuoveva l'opera del Professore, avendolo avuto come compagno di studio al Pontificio Istituto Biblico, ma contribuì, anche economicamente e in modo significativo, alla pubblicazione di

---

[1] Vescovo di Velletri - Segni

quel lavoro considerevole, così come apprezzò, poi, il successivo lavoro, mastodontico: il Commentario al Lezionario Domenicale Latino.

Qui vogliamo, anche, ringraziare, di nuovo, Monsignor Sotir Ferrara, Vescovo di Piana degli Albanesi, perché fu grazie a lui che furono portate a compimento queste imprese editoriali, altrimenti difficilmente realizzabili. Fu proprio lui ad affrontare le non lievi spese per la pubblicazione di questi due ponderosi volumi.

In occasione della pubblicazione del primo inedito del Professore, *La Scuola di Preghiera, anima della Chiesa locale*, chiesi al Cardinal Martini una lettera di presentazione.

Grazie ai potenti mezzi informatici, gestiti dal qui presente neo professore Jacopo Iadarola, abbiamo potuto scaricare da internet quell'intervento, che avevo dimenticato a Velletri.

Comincio proprio col citare alcune righe di questa lettera di Martini, datata da Galloro il 29 novembre 2005, la quale fu poi pubblicata, col consenso del Cardinale, sull'Osservatore Romano, nel numero del 18 febbraio dell'anno successivo.

Ecco il testo:

> «*Ho conosciuto personalmente questo illustre studioso quando insegnavo a Roma al Pontificio Istituto Biblico e l'ho sempre apprezzato molto. Era un uomo di grande cultura, buon conoscitore della teologia, della Liturgia, soprattutto nella tradizione dell'Oriente, e della Scrittura. Era, inoltre, dotato di un grande entusiasmo e di accesa passione per la verità. Aveva anche un certo gusto polemico ma sempre nel più grande rispetto per le persone.*»

Come ricordo personale, tengo a sottolineare che non aveva mai stroncato un libro nelle sue numerose recensioni affidategli dall'Osservatore Romano, trovando sempre il modo di evidenziarne l'aspetto positivo, anche quando l'impresa sembrava piuttosto ardua.

Continua il Cardinale:

> «Fra i suoi libri editi, avevo già avuto modo di apprezzare il primo volume della serie *Cristo Signore Risorto, Amato e Celebrato* con il commento al Lezionario domenicale festivo dei tre cicli liturgici latini, preceduto da un denso studio generale sul tema e il metodo delle Omelie. Egli sente che c'è un malessere diffuso, magari nascosto, da un consumismo soddisfatto di sé. Anche i responsabili nei vari campi sembrano vivere come sopra e fuori dei fenomeni formidabili di una drammatica svolta epocale. Eppure fiducioso che anche in una situazione negativa come la presente sia possibile ricredersi, ricominciare da capo avviando il Popolo di Dio sulla via del conseguimento di quei grandi doni che il Signore riserva a quanti lo amano.»

Questa analisi severa e spesso apparentemente impietosa, che il Prof. ha sempre svolto nei confronti della situazione, anche ecclesiale, non gli impediva, come giustamente rileva Martini, di avere una fiducia di fondo: che il Signore dà alla sua Chiesa quotidianamente i mezzi per riprendersi, per rialzarsi, per procedere nel cammino.

Questo deriva proprio dalla scelta di fondo del Prof., quella di mettere la Resurrezione di Cristo a fondamento di tutto l'edificio teologico, spirituale, pastorale della Chiesa: chi vive il fatto della Resurrezione non può lasciarsi cadere le braccia, non può rinunciare ad andare avanti, non può in alcun modo essere pessimista.

Continua Martini, il quale si è letto sistematicamente tutto il volume e lo dimostra citando pagina per pagina, dall'inizio alla fine:

> «L'autore auspica, dunque, che si costituisca, finalmente, con decisione, in ogni Diocesi, in ogni Parrocchia, la Scuola

dell'Amore di Dio o Scuola di Preghiera. Essa deve partire, nella Diocesi, dalla forte coscienza di essere Chiesa viva nella sua completezza. Naturalmente egli suppone che sia la Diocesi che la Parrocchia possiedano l'integrità della strutture canoniche e siano in grado di farle funzionare. E nota, con qualche pessimismo, come si sia tanto parlato di parrocchia missionaria ma con programmi privi di ricca dottrina e velleitari nelle loro enunciazioni.»

Martini riprende questa diagnosi del Prof. rilanciando la necessità della Scuola di Preghiera, Scuola dell'Amore di Dio e Scuola della Parola, che in ogni Diocesi e in ogni Parrocchia occorre, con tenacia, istituire e perseguire e sappiamo quanto sia difficile, poiché molto spesso si dà per scontato ciò che scontato non è e si costruisce non sul fondamento della solida roccia della Parola di Dio, ma sulle sabbie mobili delle nostre buone intenzioni e dei nostri programmi pastorali, studiati a tavolino.

Prosegue Martini:

«Voglio solo notare che si sente, in ogni pagina, tanta passione apostolica e pastorale e tanto desiderio di far comunicare al Mistero grande che l'autore contemplava e di cui viveva intensamente.»

Qui emerge e si percepisce la conoscenza personale che Martini aveva di Tommaso Federici.

«Non tutti si troveranno d'accordo con tutte le affermazioni dell'autore...»

Martini è sempre un Cardinale e quindi sa avere la giusta distanza dalle cose e da ciò che osserva

«... in particolare con i giudizi di carattere storico riguardanti l'attualità pastorale. Tuttavia si ascolta volentieri il frutto dei suoi studi e della sua esperienza, soprattutto quando sono

> comunicati con tanta sincerità. Sa poi a ciascun pastore accogliere cioè che gli appare utile per il suo gregge e trovare la formula giusta per i suoi fedeli. Per quanto riguarda la descrizione concreta della Lectio Divina, mi ritrovo in molto di ciò che egli dice e penso che questa è sostanzialmente la Via per la quale occorre procedere per mettere in pratica il Concilio Vaticano II. Si compiono, in questi giorni, quarant'anni dalla conclusione di questo Concilio ...»

Fatevi i conti: sono passati altri sette anni e stiamo celebrando i cinquant'anni dall'apertura.

> «... che nel Capitolo VI della Dei Verbum ha esposto un vero e proprio programma pastorale per le Diocesi a riguardo del rapporto dei singoli fedeli con la Scrittura. Non c'è che da augurarsi che questo libro infonda coraggio ed entusiasmo, per camminare sulla stessa via, così da portare tutti i fedeli a contatto con quella Parola che interpella, orienta e plasma l'esistenza.»

Come ha scritto Giovanni Paolo II nella *Novo Millennio Ineunte* e come ha detto recentemente Papa Benedetto XVI, la *Lectio divina* va ritenuta quale punto fermo della pastorale biblica e deve essere perciò, «*ulteriormente incoraggiata anche mediante l'utilizzo di metodi nuovi, attentamente ponderati, al passo con i tempi*», (Discorso ai partecipanti al Congresso sulla Scrittura del 2005).

Martini ricordava i quarant'anni dalla chiusura del Concilio e noi, la settimana prossima, l'11 ottobre, saremo a Roma, sotto le finestre del Palazzo Apostolico, intorno all'obelisco di piazza San Pietro, per commemorare quel famoso giorno dell'11 ottobre del 1962, in cui Giovanni XXIII aprì questo evento di portata storica incredibile, che ha segnato e segnerà ancora l'epoca nostra.

Quell'11 ottobre la luna piena sorse dietro il Gianicolo, questo 11 ottobre avremo la luna calante, ma siamo tenuti a pensare, secondo gli insegnamenti ricevuti, che il raffronto astronomico resti soltanto tale e, d'altra parte, dopo ogni luna calante c'è sempre la luna nuova.

Entriamo, quindi, nel vivo del Convegno e di quello che vogliamo fare in questi giorni e qui devo ringraziare sentitamente Don Manlio Sodi, il primo relatore della giornata, perché quando stavamo pensando a questo evento per il decennale della scomparsa del Prof., si pensava di fare uno studio sulla sua opera, cercare di rispolverare e di riportare in luce i tesori di dottrina che ci ha lasciato come eredità preziosa.

Ma Don Sodi disse, ricordo ancora:

«Mah! Più che parlare direttamente dell'opera di Tommaso, perché non fare un convegno che, invece, abbia un respiro più ampio e, a partire da quelli che erano gli interessi fondamentali di Tommaso, quindi Scrittura, Liturgia, Ecumenismo, vedere il cammino che si è fatto in questi ambiti durante questo decennio dalla sua morte, ma noi potremmo anche dire durante questi cinquant'anni dall'apertura del Concilio che si celebra la settimana prossima, fino ad oggi?»

e, quindi, mettere al centro le tematiche in cui può essere individuato anche l'arricchimento e il contributo che al loro sviluppo ha saputo dare Tommaso Federici.

Ecco com'è nato il Convegno; quindi abbiamo scelto questi tre ambiti, che sono gli ambiti principali in cui Tommaso Federici ha lavorato per una vita: Scrittura, Liturgia, Ecumenismo, per vedere come, in questo cinquantennio, la Chiesa ha preso coscienza e ha camminato nel considerare e nel vivere queste realtà.

Si sono, quindi, delineati questi tre momenti in cui si dividono queste giornate.

Nel programma era previsto, in apertura, l'intervento di

Padre Giovanni Odasso, biblista insigne, ma, soprattutto, amico e compagno di strada del Professore; egli ci parlerà di come, in questi cinquant'anni, la Chiesa ha preso coscienza del suo rapporto fondamentale con la Parola di Dio e quale ruolo ha avuto la Sacra Scrittura nella crescita e nel cammino della Chiesa in questi anni.

Da qui il titolo *"La Scrittura nella vita della Chiesa: dalla* Dei Verbum *alla* Verbum Domini*"*, conclusione dell'ultimo Sinodo dei vescovi.

Il secondo momento che, invece, diventa il primo, in quanto il relatore, che ringraziamo per la fatica a cui si è sottoposto, ha esigenza di rientrare a Roma in giornata, è affidato a Don Manlio Sodi, Preside della Facoltà di Lettere Cristiane Classiche e Presidente della Pontificia Accademia di Teologia.

Egli tratterà della Liturgia e di come le luci e le ombre si alternino in questo cammino cinquantennale, dalla *Sacrosantum Concilium* ad oggi, con questo titolo *Ermeneutiche liturgiche postconciliari*: è un titolo sintetico, che poi Don Manlio sviscererà e articolerà come sa fare lui.

Come terzo momento era previsto l'intervento di un nostro amico della Chiesa Ortodossa di Grecia, Ignazio Sotiriadis, che, purtroppo, non è potuto intervenire per un impegno presso la Santa Sinodo di Grecia.

Abbiamo qui, invece, il Diacono della Chiesa di Piana degli Albanesi, prof. Paolo Gionfriddo, che ci proporrà una comunicazione sulla terza tematica importante, quella dell'Ecu-menismo, facendo il punto sullo stato dei lavori nella questione dei rapporti tra la Chiesa Romana e la Chiesa Ortodossa.

Domani, a partire da questi dati, cercheremo, come momento conclusivo, di ritrovare il contributo originale e particolare del Prof. in questi tre settori e sarà Padre Lamberto Crociani che ci illustrerà l'originalità e l'incisività di quanto Tommaso Federici ci ha insegnato e trasmesso.

Questo è il quadro generale, che cominciamo a riempire dando la parola al nostro carissimo Don Manlio Sodi, che ringraziamo di nuovo per la sua presenza.

Modera Padre Lamberto Crociani.

Sezione I

—

Ermeneutiche liturgiche postconciliari

Introduzione

Lamberto Crociani o.s.m.[1]

Sono certo che il punto di partenza vero resta la Parola di Dio, che fonda tutta quanta la celebrazione della Chiesa. Parola che nella celebrazione porta in sé il massimo della sua potenzialità, Parola che celebrata si incarna nei segni per farsi carne nella vita dei fedeli che l'accolgono, mangiandola prima nell'ascolto e poi nella sunzione dei Santi Segni. Per questo la liturgia in sé comporta sempre due dimensioni: essa infatti è *l'opera per l'uomo* costantemente realizzata dalla Trinità Santa e poi è la celebrazione del Mistero che permette all'uomo qui, oggi di continuare il Progetto di salvezza.

Questo secondo aspetto ora ci interessa maggiormente e, a partire dalla riforma domandata dal Concilio, i libri liturgici nella loro evoluzione sono uno strumento indispensabile per comprendere come la Chiesa legge nella preghiera la Parola del Signore per renderla viva ed efficace nella vita quotidiana. Ma su questo meglio ci diffonderemo in seguito.

Voglio ringraziare il professor Sodi per la sua presenza. Monsignor Apicella ci ha detto qualcosa di lui.

Credo che tutti conosciamo la sua opera in campo liturgico, e a lui siamo grati per quelle tre raccolte da lui edite di *Monumenta* liturgici, che sono materiale preziosissimo al quale molto spesso come studiosi di liturgia dobbiamo fare riferimento.

Data l'esiguità di tempo disponibile e l'urgenza del professore di ripartire per altri importanti impegni, lascio immediatamente a lui la parola, per verificare l'evoluzione

---

[1] Frate dei Servi di Maria, Docente di Sacra Liturgia

ermeneutica della Liturgia di cui siamo stati tutti testimoni e attori durante questi anni.

Grazie.

Ermeneutiche liturgiche postconciliari
—
Don Manlio Sodi[2]

Nell'anno che commemora il 50° dell'inizio del Vaticano II è doveroso porsi l'interrogativo sul tipo di ermeneutica che ha caratterizzato il periodo postconciliare. La risposta è complessa, e non può limitarsi ad una semplice affermazione; essa può scaturire solo dall'esame di alcuni indicatori, nella consapevolezza che *in re liturgica* ci troviamo di fronte ad ermeneutiche che toccano la fenomenologia religiosa, ma coinvolgono e permeano anche la vita spirituale e mistica della persona.

L'area italiana è sotto l'influsso di "scuole" di pensiero? E quali? Come apparirà dall'insieme della riflessione, fin dall'inizio è doveroso puntualizzare che in Italia non esiste un'unica scuola di pensiero e di azione in contesto liturgico. E questo è un limite e insieme una fortuna per la dialettica che di fatto si attua. È un *limite* in quanto le cattedre di liturgia difficilmente costituiscono una "scuola" per quel "peccato d'ori-gine" che non permette—soprattutto nelle Istituzioni ecclesiali—la preparazione di docenti che accanto al titolare si preparano a loro volta a portare avanti una riflessione che si sviluppa lungo il tempo. Anche nel periodo postconciliare vari "maestri" sono rimasti senza successori, e questo costituisce un forte limite in ordine alla continuità della

---

[2] Preside della Facoltà di Lettere Cristiane Classiche, Presidente della Pontificia Accademia di Teologia

ricerca, al confronto fra discipline teologiche, e ai risvolti pastorali e spirituali. Ma è anche una *fortuna*, in quanto la dialettica che di fatto si realizza nei diversi contesti della ricerca è fonte di sviluppo di nuove prospettive nell'affrontare le problematiche.

In questo complesso orizzonte, la riflessione prende in considerazione quanto è stato svolto dalla Conferenza episcopale italiana (CEI) attraverso la progettualità racchiusa nel libro liturgico, per osservare, poi, lo specifico di alcuni interventi e proposte che finora hanno accompagnato lo stesso rinnovamento. In questo itinerario un ruolo determinante è svolto da periodici, convegni e attività editoriali di vario genere. Tutto questo però finalizzato ad un unico obiettivo: l'edu-cazione alla vita di fede attraverso l'*esperienza simbolica* della li-turgia e mediante una *metodologia* che contempli essenziali punti di riferimento.

1. Il libro liturgico, strumento per educare?

Un primo grande lavoro svolto dalla CEI è stato quello relativo alla "traduzione" dell'*editio typica* dei vari libri liturgici, con qualche "adattamento" tendente, in genere, a rendere lo svolgimento della celebrazione più organico e lineare. Con la pubblicazione dell'Istruzione *Liturgiam authenticam* (28 marzo 2001) questo lavoro si è reso talvolta più complicato in quanto con l'intento di voler essere più fedeli all'originale, talora si è giunti a risultati che grammaticalmente possono risultare corretti, ma ai fini della comprensione da parte dei fedeli[3] costituiscono un ulteriore diaframma per una partecipazione più piena al mistero.

---

[3] Alla complessa problematica della traduzione Rivista Liturgica ha dedicato ben tre fascicoli: 85/6 (1998) sotto il titolo: *Oltre la "traduzione"?*; 92/1 (2005) sotto il titolo: *Quale traduzione per una "liturgia autentica"?*; e 92/2 (2005) sotto il titolo: *Tradurre testi liturgici: tra sfide e attese*.

L'elenco che segue permette di osservare il lavoro di adattamento compiuto dalla CEI nell'ambito dei *Sacramenti* e dei *Sacramentali*, sulla linea delle "competenze" indicate dagli stessi libri liturgici.

1.1. I Sacramenti

È la parte che ingloba una notevole mole di materiale celebrativo frutto di adattamenti e comunque di interventi che cominciano a qualificare l'impegno della CEI nell'approntare una strategia educativa proprio a partire dal libro liturgico. In questo ambito sono presi in considerazione solo quei libri che hanno ricevuto una qualche forma di intervento sia a livello di "Presentazione" che di contenuti eucologici. Tutto il materiale è raggruppabile attorno ai sacramenti dell'Iniziazione cristiana e in particolare all'Eucaristia e al sacramento dell'Ordine e del Matrimonio.

1.1.1. Rito dell'iniziazione cristiana degli adulti[4]

Il volume si apre con Premesse articolate in modo tale da dare all'operatore pastorale una conoscenza sufficientemente completa del cammino "sacramentale" che accompagna l'itinerario più ampio dell'iniziazione alla vita di fede. Per questo la *Presentazione* da parte della CEI è quanto mai illuminante per far comprendere il valore e il significato dell'iniziazione alla vita della comunità ecclesiale.[5]

---

[4] CEI (a cura di), *Rituale Romano, Rito dell'iniziazione cristiana degli adulti*, Lev, Città del Vaticano 1978, pp. 294.
[5] Cf *Ibid.*, pp. 11-14. Le poche pagine vanno però lette in parallelo con i *Catechismi per l'iniziazione cristiana* predisposti dalla CEI, in particolare i 4 volumi del catechismo dei fanciulli e dei ragazzi, pubblicati il 31.03.1991: Io sono con voi; Venite con me; Sarete miei testimoni; Vi ho chiamato amici.

1.1.2. La celebrazione dell'Eucaristia

È il settore che raccoglie elementi caratteristici e diversificati; nel loro insieme denotano un impegno da parte della CEI nel voler attuare progressivamente la riforma liturgica, e nel prestare maggior attenzione alla dimensione educativa e pastorale. In questa linea gli aspetti che caratterizzano gli interventi della CEI sono ravvisabili nei seguenti ambiti.

— *Messale Romano*. Il Messale per la Chiesa italiana[6] costituisce, insieme al *Benedizionale* e al *Rito delle Esequie*, uno dei capitoli più eloquenti per constatare la diversità di espressioni cultuali nell'unità della stessa fede. I numerosi testi eucologici di nuova composizione sono un segno eloquente dello sviluppo di quanto già codificato nel Messale.

Se tutti i libri liturgici richiedono uno studio impegnativo per una loro adeguata conoscenza, il *Messale* lo esige in modo particolare per la quantità e ricchezza dei contenuti, per la così grande diversità di celebrazioni che esso racchiude, e per la varietà dei destinatari. Sotto questo titolo è compreso anche il *Lezionario*, la cui presentazione, ovviamente, richiede un discorso a sé anche per rispettare la singolarità dei libri liturgici.

— *Orazionale*: Secondo una prassi ormai consolidata, il volume si apre con una *Presentazione* da parte della CEI, dove si illustrano «*motivazioni e caratteristiche*» di questa seconda edizione; si danno indicazioni «*per una migliore utilizzazione pastorale del Messale*»; si richiamano, infine, il

---

[6] *Messale Romano riformato a norma dei Decreti del Concilio Vaticano II e promulgato da Papa Paolo VI*, Lev, Città del Vaticano 21983, pp. LXXV + 1152: si tratta della seconda edizione che sviluppa e amplifica quella del 1973. La prima edizione era accompagnata anche dal *Missale parvum* che raccoglie le messe già presenti nel *Missale parvum ad usum sacerdotis itinerantis* edito dalla Congregazione per il Culto Divino il 18.10.1970; il *Decreto* della CEI porta la data del 19.03.1973.

valore e l'importanza dello *«stile di celebrazione»* e dell'*«arte del presiedere»*.[7] A conclusione e completamento dell'ampio documento sui *Principi e norme per l'uso del Messale Romano* la CEI colloca alcune *Precisazioni* a proposito di indicazioni che la normativa liturgica affida alle Conferenze episcopali.[8] Anche la parte che raccoglie le *Norme generali per l'ordinamento dell'Anno liturgico e del Calendario* è accompagnata da *Precisazioni* della CEI.[9] La parte più caratterizzante è costituita dall'ampia *Appendice*. Essa raccoglie: *Preghiere eucaristiche* (la V, articolata in quattro temi, e le due della Riconciliazione); *orazioni varie*, ritoccate o nuove, con particolari caratteristiche indicate a suo luogo; *altri formulari* in parte presenti anche nell'edizione precedente. Completano il volume le *Melodie per il rito della messa e altri riti*; per facilitare la loro esecuzione è stata curata anche una cassetta musicale.

— *Orazionale per la preghiera dei fedeli*[10]: Nel contesto va segnalata la pubblicazione di questo sussidio quale strumento propositivo—accanto al *Messale Romano*—di educazione alla preghiera dei fedeli, e per rendere la stessa preghiera sempre più rispondente alle esigenze della vita personale ed ecclesiale. Il fascicolo è offerto *«come sussidio esemplificativo [...] come strumento alle singole comunità [...] per una preghiera sempre rispondente alle esigenze della liturgia nella varietà delle situazioni»*. In questa linea educativa notevole valore presenta la Premessa a tutto il volume.[11] I formulari ivi racchiusi sono così distribuiti: *Per il Proprio del Tempo*; *Per le Quattro Tempora*; *Per le celebrazioni dei santi e per diverse*

---

[7] Cf *Messale Romano*, op. cit., pp. VII-X.
[8] Cf *Ibid.*, pp. XLIX-LI.
[9] Cf *Ibid.*, pp. LX-LXI.
[10] CEI (ed.), *Orazionale per la preghiera dei fedeli*, Lev, Città del Vaticano 1983, pp. 136.
[11] Cf *Ibid.*, pp. 7-8.

circostanze; e infine *Altre preghiere in forma breve*.

— *La messa dei fanciulli*[12]: Questo libro liturgico è una vera creazione da parte della CEI in quanto non ha un corrispettivo latino. All'origine è il *Directorium de missis cum pueris* e uno schema di *Prex eucharistica*. Nella parte introduttiva è riportata l'*Istruzione* della CEI sulla «*partecipazione dei fanciulli alla santa Messa*». Completa il volume un'utile *Appendice* con «*orazioni presidenziali*» adattate «*alle esigenze dei fanciulli*», e con «*melodie per le acclamazioni nelle Preghiere eucaristiche*». A questo, ovviamente, si accompagna il relativo *Lezionario*.

— *Messe della beata Vergine Maria*[13]: Il volume, pubblicato come Appendice al Messale Romano, contiene l'aggiunta di vari testi rispetto all'edizione latina. Emerge in particolare la *Presentazione*[14] da parte della CEI, articolata in 10 paragrafi, per invitare a utilizzare il testo in modo opportuno sia a livello celebrativo che catechetico-pastorale e spirituale.[15]

— *Lezionario*. A partire dalla pubblicazione dell'*Ordo lectionum Missae* è iniziata la serie dei *Lezionari*. Il loro aggiornamento e completamento continua in seguito all'*editio typica* altera dello stesso *Ordo* (1981). A tutto questo impegno si deve poi aggiungere l'elaborazione del *Lezionario per la messa dei fanciulli* che non ha un

---

[12] CEI, *La Messa dei fanciulli*, Edizioni Conferenza Episcopale Italiana, Lev, Città del Vaticano 1976, pp. 118.

[13] Congregazione per il Culto Divino e la Disciplina dei Sacramenti, *Messe della beata Vergine Maria. Raccolta di formulari secondo l'anno liturgico*, Lev, Città del Vaticano 1987, pp. XI + 289.

[14] Cf *Ibid.*, pp. VII-IX. Il documento porta la data dell'8 settembre1987.

[15] Per la storia di questo libro liturgico e per un commento dettagliato ai singoli formulari cf M. Sodi, *Con Maria verso Cristo. Messe della beata Vergine Maria*, Paoline, Cinisello B. 1990, pp. 267; edizione spagnola: *Con María hacia Cristo. Misas de la Virgen María* = Biblioteca litúrgica 7, Centre de Pastoral Litúrgica, Barcelona 1997, pp. 222..

corrispettivo latino.

Tra il 2007 e il 2009 è stata pubblicata la nuova serie dei *Lezionari*. In nove volumi sono distribuite tutte le letture secondo la traduzione rinnovata della Sacra Scrittura per la liturgia e secondo le direttive di *Liturgiam authenticam*.[16] Al di là dei discutibili accorgimenti grafici e delle illustrazioni che hanno creato notevole disagio, si tratta ora di verificare l'uso del testo biblico nella comunicazione orale e nel canto per ciò che concerne i salmi responsoriali.

— *Evangeliario*. Edito per la prima volta nel 1989 in edizione d'arte e anastatica, l'*Evangeliario*[17] è uno degli elementi che caratterizzano l'impegno della Chiesa italiana in ordine agli strumenti per la celebrazione. Accompagnata da due volumi—uno di *Indici*[18] e uno sulle *Icone*[19]—l'opera vuol essere un segno della presenza del Verbo che nutre alla mensa del Pane di Vita, e della presenza dello Spirito, artefice di ogni bellezza. Si attua, in tal modo, quanto sollecitato dall'*Introduzione* al *Lezionario*: «*Si raccomanda l'antica consuetudine di pubblicare in edizione separata il volume per i Vangeli ...*» (n. 113) in quanto «*è molto opportuno che anche attualmente nelle cattedrali e almeno nelle parrocchie e chiese più grandi e più frequentate ci sia un Evangeliario splendidamente ornato, distinto dall'altro libro delle letture*» (n. 36).

---

[16] I Lezionari risultano così articolati: 1. *Domenicale e festivo – Anno A*; 2. *Domenicale e festivo – Anno B*; 3. *Domenicale e festivo – Anno C*; 4. *Feriale – Tempi forti*; 5. *Feriale – Tempo ordinario – anno pari*; 6. *Feriale – Tempo ordinario – anno dispari*; 7. *Per le celebrazioni dei Santi*; 8. *Per le messe rituali*; 9. *Per le messe "ad diversa" e votive*.

[17] CEI (ed.), *Santo Vangelo di Nostro Signore Gesù Cristo*, Fratelli Accetta Editori, Palermo 1989, pp. 271.

[18] P. Sorci, *Haec sunt verba sancta. Evangeliario delle Chiese d'Italia. Introduzione e Indici*, Fratelli Accetta Editori, Palermo 1989, pp. 151. Il volume si apre con l'*Introduzione all'Evangeliario*, cui seguono le *Premesse al Lezionario* e gli *Indici dell'Evangeliario*.

[19] C. Valenziano, *Paschatis verbi forma pulchritudinis. Evangeliario delle Chiese d'Italia. Le icone*, Fratelli Accetta Editori, Palermo 1989, pp. 161. Il volume contiene un'ampia *Introduzione* alle icone presenti nell'Evangeliario.

Mentre è in preparazione un nuovo *Evangeliario*, in questi anni ne sono già apparsi altri; con modalità diverse e con soluzioni grafiche talora ammirevoli cercano di rispondere all'obiettivo di evidenziare il grande ruolo della Parola di Dio e della sua solenne proclamazione.

1.1.3. Il sacramento dell'Ordine

Fu il primo libro liturgico ad essere pubblicato, senza *Praenotanda*. La prima edizione italiana, dopo undici anni dalla *typica*, già conteneva l'attuazione di qualche competenza propria della Conferenza episcopale. L'edizione italiana del 1992[20]—a seguito dell'*editio typica altera*[21]—si poneva in una linea di continuità e di sviluppo, con varie novità rispetto alla precedente. La parte introduttiva si apre con una *nota liturgico-pastorale* che intende promuovere e facilitare una rinnovata catechesi sul significato dei ministeri nella vita della Chiesa.

Si tratta di elementi che richiamano il «*principio cristologico costitutivo ed esemplare della ministerialità nella Chiesa*», i «*fondamenti ecclesiologici del sacerdozio ministeriale ordinato secondo i gradi gerarchici*», lo «*Spirito santo principio unificatore e santificatore dei ministeri*», i «*ministeri ordinati nella Chiesa, segni sacramentali del ministero di Cristo*», per concludere sulla realtà del Cristo che «*vive e opera nei suoi ministri*».[22]

1.1.4. Il Rito del Matrimonio

Dopo molti anni dalla prima edizione (1975) e dopo una rinnovata edizione (2004), è apparsa finalmente quella più definitiva.[23] In due volumi distinti la CEI introduce il *Rituale*

---

[20] *Pontificale Romano, Ordinazione del Vescovo, dei Presbiteri e dei Diaconi* [a cura della CEI], Lev, Città del Vaticano 1992, pp. 215.
[21] Il Decreto dell'*editio typica altera* porta la data del 29 giugno 1989.
[22] Cf *Pontificale Romano, op. cit.*, pp. 9-17.
[23] Cf *Rituale Romano, Rito del Matrimonio* [Conferenza Episcopale Italiana], Lev, Città

con una *Presentazione* che evidenzia i criteri ispiratori dell'adattamento e l'invito ad evidenziare il rapporto tra la celebrazione e la vita di coppia.[24] Con lo stesso intento anche il volume del *Lezionario* è introdotto in modo da facilitare la comprensione delle tematiche offerte dall'ampia raccolta delle pericopi.

1.2. I Sacramentali

Sotto questo titolo sono catalogati altri libri liturgici. Anche qui ci troviamo di fronte ad un ampio capitolo in cui l'impegno della CEI è stato profuso in abbondanza. Cinque sono i settori che meriterebbero attenta considerazione: la *Liturgia delle Ore*, la *Professione religiosa*, la *Benedizione degli Oli e Dedicazione*, il *Benedizionale*, e da ultimo il *Rito delle Esequie*.

In conclusione: il libro liturgico con i contenuti e gli adattamenti ivi racchiusi si presenta come un vero "manuale" per educare all'esperienza del mistero. In questo peculiare ministero esso costituisce un punto di riferimento per fare ermeneutica, per comprendere cioè la realtà della storia della salvezza a partire dai linguaggi della celebrazione. Ed è per facilitare una simile comprensione che anche altri libri si aprono con una *Presentazione* della CEI, come ad esempio il volume che contiene i riti per l'*Istituzione dei ministeri - Consacrazione delle vergini - Benedizione abbaziale*.

2. Documenti

I libri liturgici non esauriscono tutta l'immagine e la realtà della riforma e del rinnovamento liturgico in Italia. Senza dubbio, chi osserva anche solo con un colpo d'occhio l'intera

---

del Vaticano 2008.
[24] Cf *Ibid.*, pp. 11-16; altri aspetti sono stati evidenziati in *Rivista Liturgica* 91/6 (2004) sotto il titolo: *Celebrare il matrimonio cristiano. L'adattamento in Italia*.

"biblioteca liturgica" predisposta dalla CEI, rimane colpito per l'impegno profuso. Il dispendio di energie per dare un volto dignitoso agli strumenti per la celebrazione rivela una *mens* non nuova nella vita e nella prassi della Chiesa; si tratta cioè di educare anche attraverso il libro liturgico, in quanto esso contiene la codificazione della forma della *lex orandi*.[25] Sul piano ufficiale è necessario rilevare anche una *documentazione* di notevole interesse e di vario genere, sempre orientata a sostenere l'itinerario ermeneutico tracciato dalla liturgia e attuato in una conseguente prassi pastorale.[26] Quando si scorre la raccolta dei documenti della CEI,[27] si può constatare che in ambito liturgico sono presenti orientamenti relativi alla pastorale liturgica: se da una parte denotano una *mens*,[28]

---

[25] Accanto ai libri liturgici in Italia è diffusa l'abitudine del così detto "foglietto liturgico" predisposto per i fedeli. Senza dubbio all'origine stava l'intenzione di aiutare la partecipazione. Ora ci troviamo di fronte ad uno strumento che ha la capacità di bloccare la partecipazione e svuotare il ruolo della ministerialità soprattutto durante la Liturgia della Parola. Alla base di tutto resta una strana convinzione: che basta aver letto il libro (o l'eventuale sussidio) per rimanere certi di aver celebrato; ma non ci si pone l'interrogativo se la partecipazione è rimasta al livello di quando veniva suggerito ai fedeli l'uso del "messalino" per seguire con gli occhi ciò che altri leggevano... in altra lingua! Pochi, purtroppo, sono i parroci che al contrario valorizzano il foglietto affidandolo *al termine della celebrazione* perché i presenti possano continuare durante la settimana a confrontarsi con i testi della liturgia domenicale. Ma questo è un problema che tocca le radici dell'*actuosa participatio* e che chiama in causa il valore del *prima* e del *dopo* celebrativo, importanti come il *durante*! Ho evidenziato questa problematica anche nello studio: *Les feuilles dominicales et les autres imprimés pour les fidèles en Italie*, in *La Maison-Dieu* n. 202 (1995) 73-85.

[26] Per tutto questo orizzonte cf AA. VV., *Organismi liturgici*, in D. Sartore, A.M. Triacca, C. Cibien (edd.), *Liturgia*, San Paolo, Cinisello B. (Mi) 2001, pp. 1362-1385, con ampia documentazione bibliografica.

[27] Si veda il prezioso strumento costituito dall'*Enchiridion della Conferenza Episcopale Italiana* [ECEI], Dehoniane, Bologna: *vol. 1*: 1954-1972; *vol. 2*: 1973-1979; *vol. 3*: 1980-1985; *vol. 4*: 1986-1990; *vol. 5*: 1991-1995; *vol. 6*: 1996-2000; *vol. 7*: 2001-2005; vol. 8: 2006-2010.

[28] In questo ambito non è possibile documentare in dettaglio tutti i singoli interventi della CEI nei quali la dimensione liturgica è stata tenuta presente in forme più o meno accentuate; si pensi al programma pastorale degli anni Settanta attorno al tema: "Evangelizzazione e sacramenti"; degli anni Ottanta sul tema: "Comunione e comunità"; degli anni Novanta sul tema: "Evangelizzazione

dall'altra sottolineano pure un impegno nel valorizzare il momento celebrativo come spazio educativo per il cammino di fede.[29] Di per sé dovremmo includere in questa sezione tutto il capitolo riguardante i Catechismi curati dalla CEI, dato lo stretto rapporto che intercorre tra i contenuti della catechesi, la pastorale liturgica e l'azione celebrativa. Lo specifico del discorso relativo al rapporto tra catechesi e pastorale liturgica porterebbe in altra direzione il presente intervento. Per questo qui ci si limita a ricordare solo alcuni interventi (trascurando ciò che concerne il tema della famiglia e quello dell'arte e architettura) che hanno offerto più incisivi elementi in ordine alla comprensione dell'azione liturgica e alla sua partecipazione:

— *Il rinnovamento liturgico in Italia*: Si tratta di un documento[30] di notevole interesse ai fini dello sviluppo del rinnovamento liturgico in Italia, in quanto—dopo aver evidenziato «*luci e ombre di un bilancio*»—si prospetta soprattutto ciò che rimane da completare in ordine alla riforma e al rinnovamento liturgico, con alcune indicazioni di tipo formativo. Un documento tanto breve quanto incisivo—25 paragrafi—ma soprattutto educativo: a

---

e testimonianza della carità"; del primo decennio del Duemila sul tema: "Comunicare il Vangelo in un mondo che cambia"; e del secondo decennio: "Educare alla vita buona del Vangelo". L'indice analitico di ogni volume dell'*Enchiridion* permette di verificare in dettaglio—*sub vocibus*—l'impronta liturgica del magistero dei Vescovi italiani e di riflesso il tipo di ermeneutica che nel tempo si sta attuando.

[29] In questa prospettiva di educazione, informazione e sensibilizzazione è da collocare il servizio svolto fino al 2010 dal *Notiziario* curato dall'Ufficio Liturgico Nazionale e dall'Ufficio Nazionale Beni Culturali Ecclesiastici della CEI; la collaborazione tra i due Uffici risulta esemplare in ordine ad un coordinamento delle forze in vista del comune obiettivo.

[30] La "Nota pastorale della Commissione Episcopale per la liturgia" porta la data del 23 settembre 1983; per il testo cf *ECEI* 3, 1523-1548. Un ampio commento e approfondimento è stato realizzato in un fascicolo monografico di *Rivista Liturgica* 72/4 (1985) 403-468, dal titolo: *Riflessioni su "Il rinnovamento liturgico in Italia"*.

distanza di anni i contenuti sono quanto mai attuali!
— *Il giorno del Signore*: È una "*Nota pastorale dell'Episcopato italiano*"[31] in cui si richiama l'attenzione sul «*giorno grande e sacro*» in cui si celebra il mistero di Cristo e della Chiesa; le riflessioni—distribuite nell'arco di 41 paragrafi—servono soprattutto per introdurre alcuni orientamenti pastorali comunque convergenti nella celebrazione. Alcune di queste prospettive riemergono, pur con altro linguaggio, anche nella Lettera apostolica *Dies Domini* di Giovanni Paolo II (31.05.1998).
— *Sulla comunione eucaristica*: Si tratta di un'*Istruzione* della CEI per predisporre la "delibera" che apre la possibilità della comunione sulla mano. Al di là del ritardo rispetto a numerose altre Conferenze episcopali, la documentazione diventa occasione per puntualizzare il significato del gesto e per offrire materiale utile ad una catechesi appropriata[32] che, di tanto in tanto, è opportuno ripetere.
— *Repertorio dei canti*: Nell'attenzione specifica alla celebrazione non va dimenticato l'impegno della CEI nel rinnovarne le forme musicali. Dal Vaticano II in poi nel tessuto parrocchiale queste si sono sviluppate in seguito ad un'azione educativa proveniente dal lavoro di qualificazione degli animatori e da scelte realizzate a livello istituzionale. A livello ufficiale bisogna prendere atto dell'impegno da parte dell'Ufficio Liturgico Nazionale nel coordinare le varie forze in modo da offrire un *Repertorio nazionale* di canti per la liturgia. Può un tale sussidio essere considerato nell'otti-

---

[31] Per il testo cf *ECEI* 3, 1933-1974; il documento porta la data del 15 luglio 1984.

[32] La documentazione offerta (cf *ECEI* 4, 1844-1869) è costituita da un *Decreto*, da una *Delibera*, dall'*Istruzione sulla comunione eucaristica*, e da *Indicazioni particolari per la comunione sulla mano*, arricchite da un'ampia nota in cui sono riportati vari testi patristici a proposito di questo gesto.

ca di un'ermeneutica conciliare? Sì, qualora la *lex canendi* sia espressione di una *lex credendi* e finalizzata ad una *lex orandi*.³³

In conclusione: il confronto con quanto emerge da documenti, da sussidi e da una variegata prassi permette di cogliere le diverse modalità con cui la vita delle Chiese ha saputo finora cogliere i più diversi elementi per attuare una riforma e soprattutto per accompagnare e rimotivare un rinnovamento che non può mai considerarsi esaurito.

3. Periodici e attività editoriali

La comprensione del rinnovamento liturgico e delle strategie pastorali è ancora più realistica e oggettiva se la si considera in rapporto anche a quanto segnalato nel titolo di questa parte. *Riviste*, *convegni* di vario genere (qui non considerati) e attività *editoriali* trovano nel contesto liturgico un ambito di sviluppo decisamente vasto. Non è una novità del post-concilio, perché l'Italia possiede una "tradizione" ben consolidata dal movimento liturgico. Comunque può essere interessante prendere atto almeno delle manifestazioni più macroscopiche di questo settore che chiama in causa impegno di studio, comunicazione e formazione.

---

³³ CEI - Commissione Episcopale per la Liturgia, *Il canto nelle celebrazioni liturgiche. Nota e repertorio base (20 febbraio 1979)*, in *ECEI* 2, 3334-3352; il *Repertorio* è edito in forma completa dall'editore Aisc-Carrara, Bergamo 1981, pp. 191; e riedito ancora in *Notiziario* [dell'Ufficio Liturgico Nazionale - Ufficio Beni Culturali Ecclesiastici] 2/4 (1995) 49-52 + 1*-8*. Un *secondo elenco* è stato pubblicato in *Notiziario* 3/5 (1996) 9*-15* (inserto: *Canti per la comunione e il culto eucaristico*). Il testo più definitivo è approvato il 6 gennaio 2000 (cf *ECEI* 6, 2521-2601) e dopo la *recognitio* della Congregazione per il Culto divino e la disciplina dei Sacramenti (20 maggio 2008) appare il volume: CEI, *Canti per la liturgia. Repertorio nazionale*, Ldc, Leumann 2009, pp. VIII + 664.

3.1. Periodici

A livello di *periodici* si devono tener presenti le riviste che in modo diretto ed esplicito svolgono un servizio di riflessione, studio e animazione della liturgia:

— *Ephemerides Liturgicae*: Si tratta della più antica rivista liturgica. Dal 1887, anno della sua fondazione da parte di un presbitero della Missione, essa svolge un servizio a livello di studio e di ricerca. All'inizio organo della Pontificia Accademia di Liturgia,[34] si apre progressivamente alla collaborazione internazionale. In occasione del centenario è stato preparato un prezioso volume di *Indici*.[35]

— *Rivista Liturgica*: Nata nel 1914 per iniziativa dell'Abbazia di Finalpia (Savona) per sviluppare i primi germi del movimento liturgico, oggi è ben consolidata a livello internazionale. La terza serie della sua storia denota una particolare vitalità, sempre a servizio della scienza e della formazione liturgica. Lo specifico di questo periodico bimestrale[36] è quello di offrire fascicoli monografici in cui il tema è trattato in modo interdisciplinare.

— *Ambrosius*: Fondato nel 1925, il periodico bimestrale offre agli studiosi e ai cultori la possibilità di conoscere a fondo

---

[34] Cf M. Sodi, *Il* De Sacrificio Missae *di Benedetto XIV nel contesto liturgico tra Sei e Settecento*, in M.T. Fattori (ed.), *Le fatiche di Benedetto XIV. Origine ed evoluzione dei Trattati di Prospero Lambertini (1675-1758)* = Temi e testi 97, Edizioni di Storia e Letteratura, Roma 2011, pp. 189-213 (in particolare le pp. 211-212).

[35] Cf A. Kai-Yung Chan, A.M. Triacca, A. Pistoia (edd.), *Ephemerides Liturgicae. Indice generale 1887-1986*, Edizioni Liturgiche, Roma 1989, pp. 355.

[36] La I serie vede le pubblicazioni dal 1914 al 1963; la *II serie* dal 1964 al 1996; la *III serie* dal 1997 in poi presso le Edizioni Messaggero - Abbazia S. Giustina, di Padova. Per una panoramica oggettiva del servizio svolto si possono consultare gli indici: *Indice 1914-1983*, in *Rivista Liturgica* 82/5-6 (1995), e *80 anni! Indici decennali 1984-1993*, in *Rivista Liturgica* 80/6 (1993) 595-701; i due fascicoli contengono anche studi sulla storia e sul panorama ideologico della Rivista. In occasione del 90° anno sono stati pubblicati gli Indici dal 1964 al 2003: cf *Rivista Liturgica* 90/6 (2003) 965-1036.

il rito ambrosiano e la sua vitalità sia nella storia che soprattutto nell'oggi. Pertanto la rivista si presenta come uno «strumento per il lavoro pastorale nella Chiesa di Milano», come recita il sottotitolo. In quanto rivista di studio e di confronto, essa mira ad «ascoltare le istanze formulate in diocesi in campo liturgico e pastorale, e offrire stimoli per una riflessione in merito».[37]

— *Ecclesia Orans*: Rivista quadrimestrale, fondata nel 1984. Si presenta come «*Periodica de Scientiis Liturgicis cura Facultatis Sacrae Liturgiae in Pontificio Athenaeo Anselmiano in Urbe*». In questa linea ospita studi e ricerche in varie lingue, orientati allo sviluppo della scienza liturgica.

— *Rivista di pastorale liturgica*: Periodico bimestrale nato nel 1963 con l'intento di svolgere un ruolo di animazione a livello più strettamente pastorale, attraverso fascicoli monografici. L'indice dei primi 30 anni di pubblicazione[38] è quanto mai significativo per avere una panoramica del materiale offerto all'attenzione degli operatori pastorali.

— *Liturgia*: Edito dal Centro di Azione Liturgica di Roma, il periodico[39] svolge principalmente un ruolo informativo e formativo fin dalla sua nascita. Una delle espressioni più caratteristiche di tale Centro è la *Settimana liturgica nazionale* cui si accenna più avanti.

— *La vita in Cristo e nella Chiesa*: Mensile per l'animazione liturgica, puntualmente si offre come strumento di lavoro e di

---

[37] P. Sartor, Continuando l'opera [Editoriale], in *Ambrosius* 75/1 (1999) 3.
[38] Cf *Rivista di pastorale liturgica* 31/6 (1993) 1-221.
[39] La rivista iniziò le pubblicazioni nel 1967 come *Notiziario interno a cura del CAL*; in apertura del primo fascicolo il Presidente del CAL, C. Rossi, scriveva: «Questo notiziario non esce per ora con una periodicità fissa e determinata; intende però giungere con una certa frequenza» (*Liturgia* 1 [31 gennaio 1967], pag. 2). Di fatto però, con il n. 10 (15 giugno 1967) appare l'indicazione "notiziario quindicinale" che rimarrà fino al 1986 quando il periodico diventa mensile e successivamente bimestrale.

formazione per gli animatori della liturgia in parrocchia.[40] Sorretto da una decorosa veste grafica, il periodico tiene presente la formazione biblica e liturgica attraverso interventi semplici, di immediata utilizzazione nel lavoro pastorale, e informa anche sui convegni e pubblicazioni.

— *Notiziario APL*: Si tratta del Notiziario dell'*Associazione professori e cultori di liturgia* in Italia. Dal 1972 il Notiziario informa sulla vita e sull'attività dell'Associazione, fondata nel 1971, la cui espressione più eloquente è costituita dal convegno annuale. Ogni anno infatti viene affrontato un tema, e puntualmente gli *Atti* testimoniano l'impegno di un discorso serio, orientato principalmente a coloro che svolgono il servizio della docenza o comunque della formazione.

— *Sacramentaria e Scienze religiose*: Periodico semestrale nato nel 1991 come espressione dell'Istituto Teologico Accademico Marchigiano, dell'Istituto Superiore Marchigiano di Scienze Religiose e Istituti Superiori di Scienze Religiose di Ancona, Ascoli Piceno e Pesaro della Facoltà di Teologia della Pontificia Università Lateranense. Le pagine testimoniano l'impegno culturale dio tali Istituzioni fornendo studi e note per approfondire contenuti e metodologie specialmente in ambito di teologia sacramentaria.

A questi periodici dovremmo aggiungere quelli che riguardano la predicazione, la musica e l'arte.[41] Nel loro insieme essi costituiscono una palestra essenziale di ermeneutica liturgica. I temi trattati secondo una diversità di prospettive metodologiche permettono di cogliere la

---

[40] Il mensile fu fondato dal beato D. Giacomo Alberione nel 1951.
[41] Per una presentazione di tutti questi cf M. Sodi, *Periodici a servizio della liturgia in Italia*, in *Rivista Liturgica* 87/4-5 (2000) 598-608; J. Evenou, M. Sodi, *Riviste Liturgiche*, in *Liturgia*, op. cit., pp. 1700-1707.

complessità del lavoro svolto e ancora da realizzare; un impegno imprescindibile, che si pone a servizio della scienza liturgica, del magistero, della pastorale, della vita spirituale.

3.2. Attività editoriali

L'esame circa la produzione letteraria offre risultati imponenti. Si scrive molto di liturgia, e a tutti i livelli. Accanto a studi di notevole spessore, si pone tutta una serie di sussidi che talvolta è di aiuto, talvolta denota un mancato impegno o un logoramento di forze nel predisporre a livello locale quanto è richiesto per guidare e sostenere una partecipazione sempre più viva e piena alla liturgia. Per un orientamento di massima in tale contesto è doveroso segnalare almeno le collane che portano avanti una notevole pubblicistica. L'elenco è sufficiente per comprendere l'imponenza del fenomeno e, di riflesso, l'attenzione che viene data alla tematica liturgica:

— Nel 1965 la editrice Elle Di Ci aveva lanciato una prima collana di *Quaderni di Rivista Liturgica* (15 voll.); la seconda serie iniziata nel 1975 aveva raggiunto 9 voll. e aveva accolto opere che erano servite per conoscere adeguatamente alcuni sacramenti, il messale e l'anno liturgico; la terza serie iniziata nel 2000 ha avuto poco sviluppo (5 voll.) anche per la complessità dei rapporti tra gli Enti che ne erano responsabili.

— Nel 1975 A.M. Triacca apre insieme ad A. Pistoia la collana *Bibliotheca Ephemerides Liturgicae - Subsidia*. Ricca di varie sottocollane, la serie di volumi denota un coraggioso impegno da parte dell'editrice nell'accogliere opere spesso specialistiche.

— La collana *Studia Anselmiana* edita dal Pontificio Ateneo S. Anselmo in Roma contiene due sottocollane che accolgono opere di ambito liturgico; si tratta di *Analecta Liturgica* (dal 1983) e di *Sacramentum* (dal 1974).

— La collana *Caro Salutis Cardo* è l'espressione dell'Istituto di liturgia pastorale di S. Giustina in Padova. Articolata nella duplice serie di *Contributi* (dal 1982) e di *Studi* (dal 1983) ha messo a disposizione degli studiosi opere cui è doveroso fare riferimento per una comprensione della liturgia oggi.

— La collana *Liturgia e vita* edita dal Monastero di Bose costituisce un ulteriore *locus* di offerta formativa un contesto liturgico, con un'attenzione specifica all'arte sacra. I vari volumi finora apparsi, spesso Atti di convegno, hanno toccato tematiche che interpellano sia il liturgista che l'architetto.

— Due collane edite da Cittadella Editrice di Assisi presentano altrettante linee complementari per approfondimenti liturgici: *Gestis Verbisque* è espressione dell'Istituto Teologico Marchigiano; e *Leitourgia* che si articola in varie sezioni: storico-pastorale, teologica e antropologica.

— Le collane edite dalla Libreria Editrice Vaticana: a) *Monumenta Liturgica Concilii Tridentini*, finalizzata ad offrire i libri frutto della riforma tridentina in modo da conoscerne i contenuti anche attraverso il confronto diretto dei contenuti resi accessibili tramite l'edizione anastatica (6 volumi; 1997-2005); b) *Monumenta Studia Instrumenta Liturgica*, è una collana che a continuazione della precedente offre spazio per opere che servano all'approfondimento e allo sviluppo di temi liturgici; c) *Monumenta Liturgica Piana*, ha lo scopo di far conoscere l'ultima fase della riforma tridentina secondo le edizioni ufficiali realizzate durante il pontificato di Pio XII e Giovanni XXIII (5 volumi; 2007-2010); l'ultimo volume racchiude l'indicizzazione di tutti i testi eucologici, delle loro fonti e la *concordantia*.

Dall'insieme di tutta questa produzione possiamo dedurre una linea ermeneutica della riforma liturgica e della *mens* che l'ha finora animata? Anche se può risultare difficile offrire una prospettiva di sintesi, appare comunque evidente che il lavoro che emerge è di notevole spessore. Le prospettive si muovono principalmente in ambito di approfondimento sotto molteplici aspetti: da quello biblico-teologico a quello strettamente celebrativo, ci troviamo dinanzi ad una produzione altamente significativa in ordine alla formazione.

4. Quale ermeneutica?

In un'ottica di sintesi, come valutare un insieme così variegato di elementi che scaturiscono da quanto sopra delineato? A cinquant'anni dalla *Sacrosanctum Concilium* è possibile trarre qualche conclusione per verificare il "movimento" impresso dall'assise conciliare? Anche se difficilmente quantificabile attraverso statistiche, si può tuttavia constatare che il cammino percorso è consistito nello sforzo per un adattamento della fede al contesto culturale in vista del cammino formativo del popolo di Dio. In un simile orizzonte come si pongono i vari "centri" culturali presenti in Italia?

— In Roma si pongono almeno quattro offerte formative: il Pontificio Istituto Liturgico offre una formazione soprattutto in ambito storico-teologico; la specializzazione dogmatico-sacramentaria della Facoltà di Teologia di S. Anselmo si pone ad un più specifico livello di ricerca teologica; l'Istituto di Liturgia dell'Università della Santa Croce offre una specializzazione in teologia liturgica; mentre l'Istituto di teologia pastorale dell'Università Salesiana presenta una specializzazione in pastorale biblica e liturgica.

— In Ancona l'Istituto Teologico Marchigiano aggregato alla Pontificia Università Lateranense si è specializzato in sacramentaria.

— In Padova l'Istituto di liturgia pastorale porta avanti da molto tempo un attento lavoro di riflessione e di formazione cercando di accostare la liturgia soprattutto sotto il versante antropologico.

I tre poli geografici interagiscono con i periodici e con le collane sopra segnalati. Ne scaturisce una dialettica quanto mai vivace in ordine alle pubblicazioni. Tutto questo però non riesce ad esaurire ancora ciò che viene portato avanti nelle tante Facoltà e Istituti teologici. Qui mi sono soffermato, sia pur con il rischio di non essere completo, solo su quelle realtà che con sistematicità svolgono un servizio alla scienza liturgica.

In un contesto di ermeneutiche liturgiche postconciliari emergono linee di riflessione che danno come acquisito il fatto della scientificità della scienza liturgica; come problema aperto la constatazione della complessità dell'atto liturgico in cui interagiscono la teologia, la celebrazione, l'antropologia, la psicologia, il diritto, ecc.; come percorso da approfondire quello dell'ermeneutica del mistero quale si attua nell'*actio* liturgica a partire dal ruolo della presenza di Cristo nella Parola proclamata e celebrata; come problematica da affrontare con l'aiuto di diverse competenze quella del confronto tra teologia fondamentale e liturgia in modo che la scienza liturgica abbia la possibilità di ripensare i propri principi fondativi ed essere punto di confronto con le altre discipline, come intravisto dal dettato conciliare di *Optatam Totius* 16; come ideale ancora da perseguire quello del ruolo della liturgia nella complessa dialettica dei linguaggi in cui si incontrano scienze umane e scienza di Dio.[42] Nello sviluppo di queste prospettive portanti emerge il quadro che segue:

4.1. "... inter disciplinas necessarias et potiores"

L'espressione di *Sacrosanctum Concilium* 16 ha avuto un'eco notevole nell'attenzione dovuta alla preparazione di una scuola di liturgisti esperti nella storia e nella teologia liturgica, ma anche nella pastorale; minore attenzione è stata data alla cerimonialistica e al diritto liturgico,[43] causando talvolta atteggiamenti non sempre educativi per l'assemblea celebrante, oppure provocando reazioni che poi hanno portato anche al recupero delle antiche forme rituali espressioni del Concilio di Trento. Pertanto, se la scientificità della scienza liturgica è balzata evidente all'attenzione di molti—e la produzione scientifica costituisce un segno eloquente—, non altrettanto evidente è stata la risposta a ciò che chiedeva il dettato di *Optatam totius* 16 circa il dialogo fra le discipline teologiche in modo da far vedere la centralità del mistero di Cristo celebrato nei santi segni. È una sfida che permane aperta.

4.2. In dialogo con le altre scienze

La complessità della celebrazione è emersa con il manifestarsi dell'attenzione al ruolo delle discipline che in forma diversa interagiscono al fine di una comprensione dell'atto liturgico che coinvolge tutta la persona, a cominciare ovviamente dal corpo. Dalla certezza del *caro salutis cardo* si sono aperte linee di approfondimento che hanno portato l'attenzione sul versante dell'antropologia, della psicologia, della morale, della

---

[42] Cf E. Carr (ed.), *Liturgia opus Trinitatis. Epistemologia liturgica* = Studia Anselmiana 133 – Analaecta Liturgica 24, Pontificio Ateneo Sant'Anselmo, Roma 2002 (in particolare le conclusioni elaborate da M. Augé).
[43] Cf al riguardo *Rivista Liturgica* 98/5 (2011) sotto il titolo: *Diritto e liturgia*.

dottrina sociale, della comunicazione ... Anche se alcuni aspetti erano stati già intravisti dal movimento liturgico del sec. XX, negli anni del dopo Vaticano II siamo stati testimoni di sviluppi prima non così accentuati; basti vedere, come esempio emblematico, la varietà e l'impostazione delle voci del *Dizionario di liturgia*[44] e del *Dizionario di Omiletica*.[45] Nel contesto, l'attenzione a tutto ciò che riguarda l'arte (un po' meno per la musica) ha dato vita ad un dialogo tra liturgisti e architetti in cui si riscopre il ruolo di una visione teologica del mistero da esprimere in forme plastiche. Il dialogo continua con impegno.

4.3. Un'ermeneutica in progress

Il tempo del dopo Vaticano II ha visto un fiorire di pubblicazioni che non si poteva immaginare. Al di là di una pubblicistica, necessaria per la pastorale ma di poco valore ai fini di un percorso teologico, l'ermeneutica liturgica si è confrontata prima di tutto con il dato biblico. Percorso non facile, per la difficoltà generale dei biblisti nell'accettare che quella Parola rivelata si fa viva soprattutto nel contesto sacramentale. In questa linea la Esortazione apostolica postsinodale *Verbum Domini* nella sua seconda parte ha dato un contributo determinante per riprendere quanto già accennato nella *Sacrosanctum Concilium*, approfondito nella *Dei Verbum* e sviluppato nell'*Introduzione* al Lezionario. Ma questa ermeneutica si è sviluppata in contemporanea sulle fonti eucologiche scoprendo l'enorme ricchezza teologica racchiusa nei libri liturgici.[46] Il dialogo con tutte le altre discipline

---

[44] Cf sopra, nota 24.
[45] Cf M. Sodi, A.M. Triacca (edd.), *Dizionario di omiletica*, Ldc-Velar, Leumann (Torino), Gorle (Bergamo) 2002; edizione in lingua portoghese 2010; è in preparazione l'edizione in lingua polacca.
[46] Si veda ad esempio *Rivista Liturgica* 98/3 (2011) sotto il titolo: *Ermeneutica del libro*

chiama costantemente in causa il problema ermeneutico; si pensi ad esempio al rapporto con la morale, con i principi della dottrina sociale della Chiesa, ecc. Permane la consapevolezza di trovarci ancora quasi agli inizi di un dialogo e alla sperimentazione di un'ermeneutica che ha bisogno di essere ulteriormente calibrata per raggiungere un dialogo più costruttivo nell'orizzonte teologico.

4.4. A partire dai "fondamentali"

Se per troppo tempo il dialogo tra discipline teologiche è rimasto in attesa, in questi anni del dopo Vaticano II siamo stati testimoni di uno sviluppo e di tentativi di incontro che in Italia hanno dato luogo alla fondazione di un *Coordinamento tra le Associazioni Teologiche Italiane* (il CATI appunto). Alla constatazione del dialogo fra Associazioni che operano in ambito teologico si unisce il risultato determinato dal fatto che il riflettere insieme può essere il segreto per continuare a sviluppare un cammino. L'incontro tra le istanze della *teologia fondamentale*, della *morale fondamentale*, della *liturgia fondamentale* ha co-me prospettiva di orientare ad una *sacramentaria fondamentale* che si presenti all'insegna di un'opportunità di sintesi. Non per nulla questo trattato si pone al termine del primo percorso teologico proprio in ragione di tale orizzonte di sintesi. Ma questo dialogo non basta scriverlo o auspicarlo; si tratta di elaborarlo chiamando in causa un'attenzione di reciprocità tra discipline che non appare ancora così evidente come invece i liturgisti invocano.

4.5. In un'ottica di sintesi

Se il cammino compiuto è stato notevolissimo, dobbiamo

---

liturgico. Dall'uso alla conoscenza.

constatare che al di là degli specifici approfondimenti, l'orizzonte generale è stato quasi sempre quello di offrire una prospettiva di sintesi nell'insieme del percorso di approfondimento quale la teologia liturgica di fatto può offrire. Questi anni del dopo Vaticano II sono stati i primi dopo un lungo periodo in cui la liturgia è stata guardata e insegnata quasi esclusivamente come "rubrica" da osservare. Si è compresa la difficoltà di un passaggio generazionale che in parte è stato realizzato—l'accoglienza e l'uso del libro liturgico è un segno eloquente—, ma che in buona parte attende ancora di essere approfondito. La prospettiva di sintesi nasce dall'accoglienza progressiva e quindi dalla consapevolezza del rapporto che ciò che si celebra è l'espressione simbolica di ciò che si crede e si vive, nell'ottica del tornare alla vita proprio all'insegna di ciò che i simboli racchiudono e a cui rinviano. Cogliere questa istanza è contribuire ad un orizzonte di sintesi da elaborare nel cuore del credente che celebra in verità; ed è da questa esperienza che scaturisce quella spiritualità liturgica che unifica l'intera esistenza del fedele.

5. Conclusione

Compiuta la riforma dei testi c'è da continuare il rinnovamento della *mens* che deve "gestire" il momento celebrativo, prestando attenzione sia alle diverse competenze proprie della ministerialità, sia ai diversi linguaggi che strutturano il complesso codice di quella comunicazione fra Dio e il suo popolo, quale si attua in maniera vertice attraverso la simbolica cultuale.

La "lezione" che scaturisce dall'insieme di questa complessa "pagina" se da una parte ci pone di fronte ad un cammino percorso in un periodo di vita della Chiesa quanto mai arduo per la complessità di situazioni intercorse e per il passaggio generazionale e culturale di cui siamo ancora testimoni, dall'altra ci fa toccare con mano un lavoro enorme i cui risultati non sono circoscrivibili a cambi di forme rituali, ma a prospettive teologiche—di cui le pubblicazioni e soprattutto le riviste sono l'espressione—e, di riflesso, ad un agire ecclesiale in cui la celebrazione del mistero di Cristo ha riacquistato la sua centralità. Le forme con cui questo si esprime sono debitrici anche al cammino che la teologia liturgica ha compiuto.

Conclusioni
—
Lamberto Crociani o.s.m.

Ringrazio il professor Sodi perché in questa preziosa carrellata che ci ha permesso di ripensare e quei percorsi che tante volte abbiamo visto scorrere dinanzi a noi senza attentamente riflettere. Durante questa rivisitazione ha meglio ricordato da parte mia tante lezione del professore nelle quali, proprio in questa sistematicità, sono riemersi chiaramente questi percorsi, sempre a partire dal rapporto Parola/Sacramento che confluisce nei i libri liturgici, documenti della fede della Chiesa, che legge e vive la Parola del suo Signore.

Grazie di cuore e adesso chi vuole intervenire, è libero di farlo.

Dibattito

Don Enrico Feroci

Prendo la parola non da professore o da persona che ha

approfondito questa realtà, ma avendo ascoltato tanto a lungo il professore, per cui, tante volte, quello che uno pensa, che fa, che dice, scaturisce proprio da tutta quella riflessione e da quei pensieri che lui ci ha messo nel cuore.

Il professor Sodi ha trattato tra gli altri di due rituali, quello per il Matrimonio e poi quello per il Battesimo. Allora che cosa avrebbe detto il professore davanti al rinnovamento del rito del Matrimonio, che permette la benedizione degli sposi dopo la promessa, quale sacramento, e in qualche modo come una sovrapposizione e una presenza beneaugurante della Chiesa nei confronti degli sposi?

A me sembra che ci avrebbe, forse, suggerito una specie di invocazione dello Spirito da consegnare agli sposi perché potessero essere gli strumenti, attraverso il Battesimo, del Sacramento del Matrimonio. Non si è pensato a un cambiamento del rito in questo senso.

Gli sposi sotto l'azione dello Spirito possono diventare loro stessi fonte l'uno per l'altro e per la Chiesa, dello Spirito di Dio. Questo risponde al pensiero del professore oppure il pensiero che mi è cresciuto dentro è un pensiero quasi spurio, rispetto al pensiero del professore?

Probabilmente il professore, se si dovesse toccare oggi il Rito del Battesimo, ci direbbe che adesso questo è centrato più nel riconoscere e nell'incentivare l'azione dell'uomo piuttosto che l'azione di Dio. Voi genitori, avendo accompagnato qui nella chiesa vostro figlio, vi impegnate ad educarlo nella Chiesa. Mi sembra così che l'azione dello Spirito sia messa da parte, quasi non visibile, eccettuato nell'unzione.

Forse il professore, almeno mi sembra, probabilmente avrebbe rinnovato questo Rito accentuando sempre più che è un'azione di Dio, che trasforma l'uomo, dando il suo Spirito, facendo diventare l'uomo figlio nel Figlio. Probabilmente questo coraggio di mettere in risalto, in maniera più forte, sia nell'uno sia nell'altro rito l'azione dello Spirito mi sembra che possa essere proprio il pensiero del professore.

Don Manlio Sodi

Grazie di cuore per questo intervento perché dà un complemento, e un completamento prezioso. Dobbiamo riconoscere che, in questi cinquant'anni di cammino in ordine a una maggiore comprensione e valorizzazione dell'azione dello Spirito, è stato fatto, e notevole. Quando pensiamo, però, ai periodi precedenti, lo Spirito Santo era il grande sconosciuto. Oggi se noi valorizziamo, in maniera adeguata, proprio la menzione dello Spirito Santo nei tanti testi della Liturgia, già ci rendiamo conto di tutto questo percorso.

Poi, tra l'altro, scorrendo la concordanza del Messale Romano, troviamo un mare di riferimenti quasi inesauribile e questo è frutto, certo, di un cammino di riforma. Tra l'altro sarà possibile, proprio nel giro di un mese o poco più, fare un confronto. Entro il mese di ottobre, primi di novembre pubblicherò la concordanza del Sacramentario Gregoriano. Ecco, se uno vuol fare il confronto, prenderà la parola *Spiritus* nel Gregoriano e verificherà con la concordanza dell'attuale Missale Romano, rendendosi conto del tempo e delle differenze e di quello che si è potuto fare, in questo periodo. Aldilà, però, di quello che noi troviamo o non troviamo nei Riti riformati, rimane la grossa sfida della catechesi.

Ecco i nostri catechismi in che modo parlano dello Spirito Santo? In che modo parlano della Trinità Santissima? Talvolta anche con i miei confratelli dico: «*Ma tu ci credi nella Trinità Santissima?*» «*Eh! Come mai?*» «*E come hai benedetto alla fine della Messa?*» «*Sì, Padre, Figlio, Spirito Santo?*» «*E la 'e' dove è andata a *finire?»* Sembra una stupidaggine ma Padre e Figlio e Spirito Santo è una Trinità, è la Trinità. Ora, su questa linea penso che ci sia ancora tanto da fare facendo parlare i testi.

Domanda

Don Angelo Colace, che ci sta seguendo, vuole porre una domanda al relatore: «*Nel suo intervento ha parlato di lezionario e omelia. Per l'ermeneutica, in futuro, sarà possibile arrivare a quella lettura escatologica dei Lezionari, non solo domenicali, di cui il professor Federici è stato un maestro, a partire dai corsi di Liturgia e dai molti libri di predicazione che si trovano in commercio ogni anno? Grazie*».

Don Manlio Sodi

Grazie a chi ha fatto la domanda perché sta toccando un nervo scoperto. Le nostre omelie che cosa raggiungono ogni sabato e ogni domenica? Quando mi è capitato, in un momento di distrazione, di fare quel libriccino tascabile che, immagino, molti di voi conoscono, il *Dizionario di Omiletica*, chiesi al Cardinal Piovanelli una pagina di presentazione e lui, in quella presentazione, racconta il fatto di quel politico che gli parlava, quando non era ancora vescovo e cardinale: «*Sì voi preti siete i più fortunati di questo mondo perché ogni domenica riuscite a raggiungere un mare di gente. Noi politici, sì, in qualche modo raggiungiamo un po' di gente ma tanto non ci ascoltano*».

Poi, però Piovanelli tirava alcune conclusioni per dire e per richiamare il grande valore dell'omelia. Giustamente è stata aggiunta questa parola, *mistagogica*. Se l'omelia non è un'omelia di tipo mistagogico è una predica e la predica non fa parte della celebrazione.

La distinzione che, ancora, stenta a passare tra omelia e predica non è una distinzione così, tanto per cambiare la parola. La parola "omelia", chiaramente, ci riporta all'episodio di Emmaus, dove il verbo *homiléin* è presente ben due volte e indica, appunto, parlare familiarmente. Se io, poi, alla luce dell'introduzione al lezionario, rileggo, in uno di quei primi paragrafi, mi pare l'VIII, qual è l'obiettivo dell'omelia, allora vedo che la Chiesa mi dice: «*Guarda che l'omelia deve essere un approfondimento della Parola che è stata proclamata, un approfondimento in rapporto alla vita e far vedere come questa Parola proclamata si attua in prima istanza nella seconda parte della celebrazione*».

Allora questo rapporto a che cosa conduce? Alla dimensione mistagogica. Questa Parola annunciata e approfondita si compie ora, nella celebrazione del Mistero e qui chiaramente ritorna tutto l'insegnamento del nostro Maestro. Perché? Perché quell'insegnamento lì a che cosa si riallaccia? Si allaccia all'insegnamento dei Padri. Chi erano i Padri? Erano dei Teologi, erano dei Pastori, erano dei Direttori Spirituali, erano anche dei moralisti. Erano dei mistagoghi, perché attraverso il loro intervento aiutavano ad entrare nel Mistero. Viene da dire: «*Quante delle nostre Omelie, in quegli otto, dieci minuti, ogni domenica, portano ad entrare nella celebrazione del Mistero?*» Io ho detto otto, dieci minuti perché l'undicesimo minuto è del diavolo! È del demonio! Non so se padre Angelo sarà rimasto soddisfatto di questa mia risposta.

Padre Lamberto Crociani

Penso che don Angelo Colace, che è mio collega, sia rimasto soddisfatto e credo che abbia fatto la domanda proprio da esperienze che, direttamente, fa, non solo nell'esperienza di insegnamento della Sacra Scrittura, ma anche, e soprattutto, nella sua attività di pastore. Credo che bisognerebbe collocare, tra le diverse discipline, lo studio, l'insegnamento, perlomeno, delle tecniche della mistagogia. Stavo notando con piacere che, perlomeno l'Università Salesiana, ha la cattedra di Omiletica ma in quanti altri luoghi si trova?

Don Manlio Sodi

Per fortuna a Novembre l'Ufficio Liturgico Nazionale ha organizzato un Simposio per predisporre un programma per un corso di Omiletica. Chissà se un po' alla volta ritorna di nuovo, e passa questa idea proprio come materia fondamentale nell'ultimo anno del percorso teologico.

S.E. Mons. Vincenzo Apicella

Innanzitutto ringrazio don Manlio perché ha, in un passaggio, sottolineato una cosa fondamentale che, molto spesso, viene dimenticata: il legame tra dottrina sociale della Chiesa e celebrazione sacramentale.

Dato che io mi interesso un po' anche di temi sociali del lavoro, credo che questo sia uno degli aspetti più originali e difficilmente riscontrabili in altri liturgisti, con buona pace del magistero del professore. Il legame tra liturgia e vita quotidiana, lavoro e società civile ed economia e politica è talmente cogente che monsignor Di Liegro, predecessore di Don Enrico alla Caritas Diocesana di Roma, chiese al professore una serie di articoli che riguardavano esattamente questo tema: come l'aspetto di una situazionalità che riguarda la condivisione e l'impegno sociale entravano nella Liturgia?

Era un progetto di pubblicazione. Di Liegro l'aveva in mente poi morì prematuramente. Io ho recuperato questo materiale. Ce l'ho. E accennandone, appunto, con l'incaricato dei Dehoniani, per pubblicarlo con loro, rimase veramente colpito, esterrefatto perché di solito uno ha della Liturgia una concezione un po' come dire?, extraterrestre, nel senso di angelicata. Liturgia significa entrare nella storia.

Questa è la prima osservazione che mi sentivo di fare ascoltando don Manlio. L'altra mi viene da un'esperienza che ho fatto con mia sorella, qualche mese fa, quando giravamo per il centro di Roma guardando le chiese, i monumenti etc. Sono entrato casualmente nella chiesa che sta a Via del Teatro di Marcello, San Nicola in Carcere. Siamo entrati lì, c'erano dei ruderi intorno e abbiamo visto uscire un sacerdote con la pianeta, il calice con il velo sopra e il suo chierichetto per andare all'altare e celebrare la messa, era un sabato sera precedente alla domenica di Quaresima e sono rimasto abbastanza sorpreso che questo prete aveva un colore liturgico diverso, mi pare che fosse sul rosso, bianco, una cosa del genere, e poi mi sono accorto, appena ha aperto bocca, che mi trovavo davanti alla Messa come io ero abituato a servirla da bambino, da ragazzino, prima del Concilio, la Messa secondo il Messale di San Pio V.

Per curiosità sono restato a vedere cosa facevo, cosa dicevo fino all'età di 15, 16, 17 anni, 18 anni. Confesso che, arrivato alla *praefatio*, sono uscito dalla Chiesa pensando: «*Ma, come si poteva? Come si poteva assistere alla Messa, a qualcosa che avveniva con qualcuno che, non solo ti dava le spalle, ma che non si faceva neanche ascoltare in quello che diceva? Diceva per conto suo*». A un certo punto non gliel'ho fatta più.

Lì ho toccato con mano questo cambiamento non soltanto del Rito esterno ma il cambiamento della *mens*, come diceva giustamente don Manlio. Mi chiedo: «*Questo cambiamento nella mens, voluto dal Concilio Ecumenico Vaticano II, ha raggiunto il suo obiettivo oppure siamo ancora un po' a metà del guado? Ci sono ancora tentazioni e infiltrazioni nella* mens *che, in fin dei conti, poi, ci porta in direzioni diverse?*» Questo è un po' il sospetto che mi viene di fronte a certi fenomeni, a certe situazioni a cui assistiamo in questi ultimi anni. Questa è una delle due domandine.

Don Manlio Sodi

Sulla seconda preferirei glissare perché già mi sono rovinato abbastanza.

Se voi entrate in certi siti e digitate il mio nome, io appaio come uno che si è messo contro il Papa etc., etc. In un sito americano c'è proprio la foto di un libriccino che ho pubblicato, appoggiato su una scatola di fiammiferi e vicino c'è un fiammifero pronto per essere acceso in modo da bruciare. Al rogo!, al rogo! Ecco! Preferirei esprimermi in questi termini: la compresenza di due Riti lasciamola, come dire?: valutare dalla Storia.

Io, personalmente, la mia valutazione l'ho data, l'ho messa per scritto. Se voi andate in internet e digitate *rivistaliturgica.it* trovate tutti gli editoriali di Rivista Liturgica, e anche tutti gli schemi dei contributi, e lì, negli editoriali, soprattutto nell'editoriale di quel fascicolo che ha come titolo *Celebrare con il Messale di San Pio V*, lì sono date alcune indicazioni.

Già a suo tempo mi ero permesso, proprio, di scrivere, e ho visto che l'hanno ripreso, anche, in alcuni volumi: «*La Chiesa di Roma non ha mai conosciuto due Riti. Ha avuto sempre un solo Rito. Poi obbediamo. Obbediamo*». Però la Storia, ecco, parla di questo. Modestamente ho pubblicato solo tredici volumi sul Rito Tridentino quindi credo di poter dire una mezza virgola, ma non facciamo le battaglie...

Il problema più grosso non è tanto una questione di Riti, ma una questione di ecclesiologia. Chi è che celebra? Quello è l'elemento determinante e scatenante. Allora è il concetto di celebrazione che non posso inventarmi, io o un altro, ma è la celebrazione della Comunità Ecclesiale che, nelle sue forme, e nelle sue modalità espressive, certo lungo il tempo ha avuto delle evoluzioni ma anche delle involuzioni. Prima vi ho detto, ecco, tra un mese pubblico questa Concordanza del Sacramentario Gregoriano, poi, il prossimo anno, a Dio piacendo, pubblicherò quella del Sacramentario Veronese e Gelasiano, così chi vuole conoscere veramente la tradizione vada sui testi.

Non si può conoscere, per così dire, attraverso dei sogni ma direttamente sui testi per verificare quale era veramente la situazione. Quindi dire, per esempio, *«Quella è la Messa di San Gregorio Magno»*. Vai a vedere com'era la Messa di San Gregorio Magno! Ecco! Vai a cercare l'una o l'altra o l'altra cosa che sono venute fuori dopo etc. Si potrebbe continuare così, proprio ragionando sui termini.

Ora mi auguro che le vostre Comunità ecclesiali non abbiano di questi problemi. Se ci sono dei problemi, la prima cosa da fare è inviare all'Università Salesiana queste persone perché facciano una specializzazione in latino.

Io sono pronto ad accoglierli nella Facoltà di Lettere Cristiane Classiche, che vengano prima a studiare latino. Cercare di cogliere quello che anche il Papa ha voluto ricordare, cioè questa spiritualità. Certamente tutto questo per noi è uno stimolo enorme a far sì che la celebrazione sia decorosa, sia svolta bene, sia con gli abiti liturgici adeguati, semplici, decorosi, senza tanti fronzoli, puliti.

Ecco questo è il linguaggio che aiuta, poi, a svolgere una celebrazione adeguata. Non mi è ancora venuto il titolo del fascicolo numero 5 ma sarà tutta la dimensione dell'elettronica nella Liturgia, perché, ormai ci si muove attraverso l'Ipad etc., etc.

Ormai bisogna prepararsi anche per questo. Io dico: *«Se i fedeli entrando in Chiesa, invece di trovare il foglietto, trovassero l'Ipad cosa c'è da dire? Cosa c'è che cambia?»* Ecco, adesso, ci sono già anche i leggìi con Messale incorporato, in cui non c'è neppure bisogno di togliersi gli occhiali o di mettere gli occhiali per leggere perché basta ingrandire. L'unica cosa che dirò, con grande forza, nell'editoriale sarà: «*Mai il Lezionario!*».

Il Lezionario sia sempre cartaceo perché vorrei vedere come fa Sua Eccellenza a dare la benedizione con l'Ipad, ecco, dopo la proclamazione del Vangelo!

Per venire al primo interrogativo. Monsignor Capaldi se l'è presa un po' perché era lui il Segretario, ma perché non avete avuto quest'attenzione? E allora è stato veramente un titolo anche provocante. Lo potete vedere, sempre in internet, perché appaiono tutte le copertine e anche gli editoriali, come vi ho detto prima. Il *Compendio della Dottrina Sociale della Chiesa: occasione perduta?* e poi l'insieme dei contributi, chiaramente, dicono perché è stata un'occasione perduta.

Bastava poco. Bastava un dialogo a 360° per dire: «*Tu biblista hai qualcosa da dire? Tu, nell'ambito della Liturgia hai qualcosa da dire? In questo ambito? In questo settore etc.?*» È in questo modo che veramente si riesce a costruire perché, tra le altre cose, così opera il Vaticano II, ed era un aspetto su cui il professor Federici ritornava frequentissimamente. Nel documento *Optatam totius,* il numero 16, che fu fatto principalmente da padre Vagaggini, parla della organizzazione degli studi teologici, ma è un modo di presentare gli studi teologici tutti finalizzati a fare esperienza del Mistero di Cristo.

E dove fai esperienza? È chiaro che il documento lo ricorda: nella celebrazione. Quanto cammino, eh?! Abbiamo fatto un bel cammino ma ci sarà ancora un po' di cammino da fare.

Domanda

Reverendo io vorrei che parlasse un po' del canto liturgico nella Liturgia. Almeno un accenno. Come ci dobbiamo comportare.

Don Manlio Sodi

Primo avere una bella voce! Secondo, secondo. No, no, adesso, aldilà della prima battuta, il canto dovrebbe essere il linguaggio che caratterizza le nostre sante liturgie. Se uno, che deve presiedere, ha una bella voce canti più che può. I documenti ufficiali ci dicono le orazioni, il *prefatio*, magari la prima parte della preghiera eucaristica; tutto diventa complicato, e non è opportuno. E poi i dialoghi con l'assemblea. L'assemblea? Certo! Il Gloria, il Credo, il *Sanctus*, l'*Agnus Dei*, le varie acclamazioni.

Da ultimo, come elemento di importanza, sono i canti di ingresso, il canto al cosiddetto Offertorio, il canto alla Comunione ma il primo canto da fare quale dovrebbe essere? Il Salmo Responsoriale! Questo è il primo canto che è raccomandato, in maniera esplicita, nell'introduzione al Messale e, soprattutto, nell'introduzione al Lezionario.

Ma non abbiamo una persona che canti? Almeno il ritornello lo potremmo cantare tutte le domeniche! Quello è facilissimo, con dei moduli ordinari. Se il ritornello è troppo lungo, quello scritto sul Lezionario, lo si può tagliare, lo si può aggiustare. Lo dice l'introduzione stessa al Lezionario e poi declamare bene quei testi.

Se c'è una persona che ha una bella voce le si affidi il canto delle strofe, e se viene solo proclamato, si ponga un supporto di chitarra, di arpa oppure l'organo che fa alcune note, in modo tale che l'assemblea possa cantare, poi, bene il ritornello. È la prima ermeneutica per capire la prima lettura ma il riflesso è sul Vangelo perché quel ritornello del Salmo Responsoriale già ti rimanda al tema del Vangelo, che sarà anticipato nel Canto prima del Vangelo stesso.

Certo che una grande responsabilità ce l'ha il ruolo del coro parrocchiale. Se ci fosse un coro che è un po' preparato, e che è di supporto all'assemblea, allora questo può essere di aiuto. Non parlo del coro elettronico, cioè di quella soluzione dell'animatore elettronico: «*Premo il pulsante e viene fuori la Cappella Sistona?*» Si riempie tutto e sono dieci persone, in Chiesa!

S.E. Mons. Vincenzo Apicella

Tra i libri liturgici che ha ricordato don Sodi va aggiunto un libro sconosciuto al 90% del Popolo di Dio, e anche dei Pastori, che si chiama Il Libro del *Graduale Simplex*, ecco, in cui si parla dei 5 Salmi da cantare come introito, come Salmo alleluiatico, come Salmo offertoriale, come Salmo tra le Letture, come Salmo di Comunione, di cui c'è l'Antifona. Questo è un rammarico del sottoscritto perché il professore mi aveva chiesto di fare la tesi con lui su questo e io non l'ho fatta perché ho fatto il parroco, a Roma...

Intervento dal Pubblico

Capisco che il professor Sodi non voglia trattare un argomento. Lo capisco molto bene. Però voglio fargli ancora una domanda su quest'argomento proprio perché il nostro discorso è anche un discorso ecumenico. La presenza di due Riti che cosa comporta, a livello ecumenico? È possibile che una Chiesa abbia due Riti con a fondamento un'ecclesiologia diversa, chiamiamola così ma, secondo me, dovremmo chiamarla, anche, in altro modo, così diametralmente opposta che, forse, si può esprimere semplicemente nel *sacerdote induto* e *populo convocato?*

Mario Cecchetto

Posso intervenire? Io ho avuto la fortuna, la grazia di Dio, la fortuna diventa grazia di Dio, tramite don Enzo Pacelli di conoscere il professor Federici nella parrocchia dov'era vice parroco monsignor Apicella, anni '80, esattamente. Non so come, ci ha legato, poi, un vincolo molto forte al punto di diventare commensali. Spesso mangiavamo insieme, nelle grandi feste, lui era solo con la madre, e poi stavo serate intere, fino a notte, fino alle due o, a volte, alle tre, a parlare della problematica religiosa e liturgica, in particolare.

Io ricordo, sì, la tematica sociale e la liturgia erano dei temi che lo angustiavano e diceva: «*Uno non può essere cristiano se, fatta l'omelia, sentite le letture, fatte proprie le letture, assimilato a Cristo, non esce e fa le opere di carità. Affronta la povertà, affronta i disagi dei più poveri, dei più deboli. Non può essere cristiano uno che non fa questo! E questo lo fa la Liturgia perché la Liturgia è simile a Cristo!*»

Ricordo precisamente una frase sua, che ho ripetuto tante volte, ricordando Tommaso. Questa, e me l'ha detta alle due di notte, una notte, tra la domenica e il lunedì: «*Caro Mario*» dice «*io ho percorso, nella mia vita, la ricerca scientifica, gli studi, ho studiato tanto, ho imparato le lingue*»—conosceva l'ebraico, l'aramaico, il greco ellenistico, il greco moderno; conosceva le lingue moderne: inglese, francese, tedesco, perfino il *gheez*, la lingua sacra etiope, e si riprometteva di fare anche il commento alla Liturgia Etiopica, perché seguiva un gruppo di poveri Eritrei con padre Timoteo e cose di questo genere—«*conosco la storia, conosco la scienza, conosco qua, conosco là però ho capito che tutto si risolve e tutto converge in quella che è la celebrazione di Gesù Cristo Risorto e noi così siamo assimilati a Lui, per fare le Sue opere, per curare, per aiutare. Essere assimilati a Cristo».*

E la Liturgia è questo. Questa è la mia testimonianza. Credo che chi approfondisce questo tema, come fa don Manlio Sodi, che va anche in giro per le parrocchie, la mattina, ad esempio, va a Talenti, lo fa per portare avanti questo discorso, perché le prediche non siano prediche senza costrutto, che lasciano vuota la gente. Questo è è uno spreco immane di risorse, che la gente parta da casa, vada in Chiesa e torni a casa più vuota di prima o come prima. Insomma, è una cosa inaccettabile, questa qui. Questa è un'occasione straordinaria sprecata se questo convergere del Popolo di Dio verso le chiese non ha nessun risultato. Invece deve ricevere tanto: la Parola e l'Eucaristia.

Don Manlio Sodi

Il problema evidenziato nell'intervento precedente è più serio di quanto non sembri perché, come accennavo prima, sembra che siano una questione o di riti o di lingue o di Messali. Il problema è molto più profondo perché tocca la dimensione ecclesiologica. Quello che si è realizzato nel Vaticano II è stato un porre in evidenza in maniera formidabile, il ruolo e la figura del Vescovo, a cominciare dalla *Sacrosantum Concilium*, la *Lumen Gentium* poi, in modo particolare, e altri documenti ancora, *Christus Dominus.*

Ecco il Vescovo è tornato veramente ad essere il centro, la prima espressione, il punto di riferimento della Chiesa locale. Con questa frantumazione, che, in parte, si è aperta permettendo il vecchio Rito, il Vescovo—aveva ragione Melloni quando lo scrisse anche sul Corriere della Sera—ora deve solamente prendere atto di una richiesta. Non può opporsi. Mentre l'indulto, che era stato pubblicato sotto Giovanni Paolo II, era un indulto che dava, sì, la possibilità ma rimetteva tutto a una gestione oculata e attenta del Vescovo stesso.

Ora, questo non è per dire che è stato tolto qualcosa al Vescovo o altro. No! ma perché dietro a questo i Teologi, ovviamente, devono vedere quale Comunità ecclesiale si costruisce, che tipo di Comunione, di fatto, si instaura. Il Rito, all'interno di una Chiesa, è l'elemento che esprime la fede di questa particolare Chiesa pertanto io non credo che esista, nelle Chiese di Oriente, un doppio Rito. All'interno della Chiesa Etiopica o Copta o altro, esiste una propria espressione rituale.

Questo io credo che provocherà, ancora, un po' di problemini. Il fatto stesso di non avere il coraggio di riflettere proprio a partire dalla dimensione ecclesiologica, è un segno eloquente che bisogna aspettare ancora un po'. Io prevedo, proprio con l'Accademia di Teologia, visto che, in questi anni, mi ritrovo, anche, a presiedere questa, proprio nel 2014, quando facciamo il VI o il VII Forum Internazionale, di proporre questo tema dell'ecclesiologia: *Cinquecento anni, tre Concili: quale ecclesiologia?* Dal Concilio di Trento al Vaticano I al Vaticano II: c'è stato un percorso, bisogna vedere il fluire di questo, alcuni tornanti particolari di questo percorso. Quindi, per me, il problema è, fondamentalmente, ecclesiologico, cosa che, in ambito, anche, di formazione dei Seminari, non sempre si ha il coraggio, un po', di declinare in maniera adeguata.

Domanda

Mi pare che si debba riflettere anche, tra di noi, su questo che diceva don Manlio in quanto il tema ecclesiologico, all'interno della Chiesa Cattolica è coniugato in due modi totalmente diversi, ovvero vi sono due Riti che comprendono ognuno una diversa dimensione ecclesiologica. L'Oriente è più orientato, è più dedicato all'ecclesiologia sinodale e l'Occidente è più dedicato all'ecclesiologia eucaristica comunionale ed è questo, poi lo vedremo, il punto dolente del dialogo ecumenico attuale.

Per cui questo è un contributo che le Chiese di Oriente possono dare anche al discorso ecclesiologico, in cui è nettamente riconoscibile la Liturgia nella interdisciplinarietà, e in cui dovrebbe entrare il dialogo ecumenico.

Don Manlio Sodi

Chissà che anche il prossimo, grande Sinodo delle Chiese di Oriente non possa contribuire a offrire qualche cosa alla Chiesa di Occidente.

Lamberto Crociani o.s.m.

Ringraziamo il professor Sodi della chiarezza, della lucidità e della memoria visiva che ci ha riportato agli anni della nostra giovinezza.

Sezione II

La Scrittura nella vita della Chiesa dalla *Dei Verbum* alla *Verbum Domini*

Introduzione
—
Don Ludovico Maule[1]

L'anelito bruciante della sua vita era far scoprire, sia nella vita personale di chi lo accostava, sia nella vita delle Comunità che lui fraternamente animava, la centralità della Parola. Egli avvertiva e comunicava la bellezza e l'urgenza stringente dell'an-nuncio per la salvezza di tutti.

Un annuncio che doveva avvenire, come era lui, da un testimone convinto e credibile del Risorto. L'annuncio di Cristo e della Resurrezione di Lui, è stato il cuore della sua vita e della sua instancabile testimonianza.

Credo che Lui presso il Padre, che ardentemente ha desiderato, cercato ed amato e dove ora, affettuosamente, lo pensiamo, il Professore sarà certamente ascoltatore attento e come amava dire, "divertito" e partecipe di questi nostri lavori proprio a partire dalla relazione che il Padre Giovanni Odasso presenterà. Relazione che già dal titolo mostra grande valore e ricchezza di contenuti.

Il Relatore toccherà i temi che stavano tanto a cuore al professor Tommaso, nei suoi giorni terreni, tempo che fu segnato da un magistero illuminato, accademico scientifico, ma anche dovutamente, sapienziale, mistico e spirituale.

Mezzo secolo separa la Costituzione Conciliare *Dei Verbum* dall'Esortazione Apostolica post sinodale di Benedetto XVI, *Verbum Domini*, del novembre 2010. Molto cammino è stato fatto in cinquant'anni. Ci sono state certamente battute d'arresto e, come si annotava questa mattina, certamente tanto resta ancora da fare.

---
[1] Diocesi di Trento

Chi ha avuto il dono e la grazia di poter frequentare Tommaso, e credo che la gran parte dei presenti l'abbia avuto, non può non scoprire come i grandi temi del Magistero Conciliare e Pontificio abbiano avuto nel "Prof." un precursore illuminato e un ardente testimone. Un tema a lui carissimo, lo ricordiamo bene, era la Pastorale della Chiesa.

Abbiamo nella memoria quello che era quasi un ritornello del suo parlare: l'amore per i parroci in cura d'anime e insieme, quell'umoristico senso di allergia davanti al proliferare di documenti e dei, così definiti, Piani Pastorali non di rado, troppo verbosi o segnati da impianti ideologici. In quei casi ricordiamo come il suo umorismo e il suo zelo d'amore lo portavano ad indicare, con forza e irruenza profetica, la Parola di Dio quale centro vitale e ad accogliere il Crocifisso e Risorto come Unico Signore e Maestro.

Illuminante al proposito, è il titolo che lui volle dare al suo Commento al Lezionario, nonostante gli dicessero che un titolo simile era poco giornalistico e troppo lungo.

Un altro tema, carissimo al suo cuore, è già stato menzionato questa mattina, nella sua vita di studioso e di Maestro, era la Scuola di Preghiera, per rendere familiare la Santa Scrittura, ascoltata, accolta, amata, meditata, celebrata, vissuta, quale fondamento e pilastro autentico della vita cristiana e di ogni spiritualità, sorgente di vita autentica e di pienezza di vita.

La consapevolezza che aveva e comunicava a tutti, era che la Parola non può essere compresa in pienezza, se non sotto la guida dello Spirito Santo che l'ha ispirata e non può essere compresa fuori della Tradizione vivente della Chiesa e del Magistero autentico. Questo lo portava ad insegnare—e a praticare lui stesso—che il vero luogo dell'interpretazione della Santa Scrittura è la vita della Chiesa e la Celebrazione liturgica.

Grande l'equilibrio che il Professore aveva nello studio e nell'esegesi, attento a rifuggire sia gli eccessi di un'ermeneutica secolarizzata che tutto riduce all'elemento umano e dimentica della storicità degli elementi divini, sia il rifiuto di una spiritualizzazione disattenta al carattere storico della Rivelazione. No al fideismo e al conseguente fondamentalismo, no alla presunzione di respingere o dimenticare quanto ci supera. Inoltre in lui, l'amore e lo studio della Scrittura era via del dialogo, anzitutto verso il Popolo d'Israele, per il quale nutriva profondo amore di dilezione.

Ricordiamo noi che siamo stati suoi studenti, l'amore pieno di zelo per il valore fondante, per i Cristiani, dell'Antico Testamento e possiamo aggiungere, l'Omelia mistagogica, la Celebrazione dei Divini Misteri, la Liturgia delle Ore per rendere a tutti familiare la frequentazione della Scrittura.

Cosa aggiungere circa il suo amore tenerissimo e sconfinato per le membra sofferenti, fratelli perseguitati, nella Chiesa e nel mondo, a motivo della loro fedeltà alla Parola? La consapevolezza che la Parola accolta e amata e vissuta non consente fughe dal mondo e dall'impegno ma anzi rende alacri e attenti per un mondo nuovo e giusto.

Anche in mattinata si ricordava la sua attenzione formidabile al valore sociale della Liturgia. Siamo lieti e, dato l'orario pomeridiano, invito a vincere la sonnolenza che posso aver causato perché adesso il microfono passa a chi deve guidarci. Siamo lieti e onorati che il professore padre Paolo Giovanni Odasso ci guidi nella riflessione, con la sua competenza di biblista e di conoscitore profondo e amico del professor Federici.

Ho riletto giorni fa in *internet*, la splendida relazione che padre Odasso fece presentando i due libri di Tommaso Federici: *Letture Bibliche* sulla *Fede e Letture bibliche sulla Carità*, dove mostrava, andando a colpire i termini e i temi carissimi al Professore, la sua profonda comprensione di quest'uomo che è stato per noi punto di riferimento.

Il Padre Giovanni Odasso, conosciuto da tutti i presenti, è dei Padri Somaschi, biblista, docente di Sacre Scritture, ha insegnato presso il Laterano e presso lo Studio Teologico San Bonaventura in Roma. È Presidente dell'Associazione CIBES: *Centro Internazionale Bibbia e Storia* che organizza incontri di *Lectio Divina* per laici, questo certamente farà gioiosamente sorridere il professore dalla casa di Dio, impegnato a diffondere l'amore soave alla Parola. Nei giorni scorsi ho provato ad inserire il nome di padre Odasso nei motori di ricerca in internet e ho trovato che oltre ad essere biblista serio egli è anche Pastore zelante perché ci sono numerosissimi *link* che rinviano a incontri, predicazioni e animazione di gruppi della Parola.

Davvero è uomo che ha cura dell'apostolato della Parola divina. Vogliamo ascoltarlo con attenzione e con gratitudine. Sperando che adesso tutti siano ben svegli a lui la parola.

La Scrittura nella vita della Chiesa dalla *Dei Verbum* alla *Verbum Domini*
—
Padre Giovanni Odasso c.r.s.[2]

Il contributo dato dal prof. Tommaso Federici alla comprensione della Scrittura e della sua importanza vitale nella Chiesa, in quanto luce che illumina la fede nel Signore risorto e cibo sostanzioso che la nutre, è di una ricchezza

---

[2] Biblista, docente di Sacra Scrittura presso l'Istituto Teologico San Bonaventura. Presidente dell'Associazione CIBES

indubbiamente singolare. Ne è una rilevante testimonianza la presenza significativa dei partecipanti a questo convegno, organizzato nel decimo anniversario della sua morte.

Il tema *"La Scrittura nella vita della Chiesa dalla* Dei Verbum *alla* Verbum Domini*"*[3] ci permette di conoscere il cammino che la Chiesa ha compiuto nella "riscoperta" della Scrittura a partire dal Vaticano II. È un cammino che, se si prescinde dall'esortazione pontificia *Verbum Domini*, apparsa nel 2010, non solo si è sviluppato durante gli anni dell'insegnamento del Professore, ma ha anche ricevuto in forme diverse l'influsso del suo pensiero.

La nostra riflessione parte dalla *"Dei Verbum"*, la costituzione del Concilio Vaticano II che, per quanto attiene al rapporto tra la Scrittura e la vita della Chiesa, ha segnato una svolta "epocale". Per comprendere la portata di questa svolta, e le tappe principali del cammino percorso dalla Chiesa dopo di essa, è utile accennare, come premessa, alla situazione di "lontananza" dalla Scrittura nella quale era venuto a trovarsi il popolo cristiano.

1. Lontananza del popolo dalla Scrittura

In un articolo del 1948, apparso nell'autorevole rivista *La vie spirituelle*, P. Claudel scriveva: «*Il rispetto verso la Sacra Scrittura è senza limiti: esso si manifesta soprattutto con lo starne lontani*»[4]. Questa frase, arguta e lapidaria, denuncia la "lontananza" dalla Scrittura come una realtà negativa, e dolorosa, nella quale venne a trovarsi la Chiesa nel suo insieme e, in particolare, nella sua componente laicale.

Questa lontananza del popolo dalla Scrittura ha lontane

---

[3] Ringrazio Mons. Vincenzo Apicella e il Comitato organizzatore per l'invito a svolgere la presente relazione nel convegno organizzato nel decimo anniversario del transito del compianto prof. Tommaso Federici.
[4] P. Claudel, L'Ecriture Sainte, *La vie spirituale* 16 (1948) 10.

radici, dato che è già riscontrabile a partire dal Medio Evo. Senza dubbio essa è dovuta, in parte, al fatto che in passato solo un ristretto numero di persone era in grado di leggere e scrivere. La causa più profonda, però, va individuata nella diffidenza plurisecolare che le Autorità ecclesiastiche hanno avuto nei confronti della lettura della Bibbia da parte dei laici.

Qui si richiamano alcune testimonianze. Nel contesto storico della lotta contro gli Albigesi il Concilio di Tolosa (1229) vietò ai laici di possedere copie della Bibbia[5]. Pochi anni dopo, nel 1234, il Concilio di Tarragona ordinò che tutte le versioni della Bibbia fossero consegnate, entro otto giorni, ai vescovi per essere bruciate! Divieti simili vennero emanati in Europa sia da vescovi che da vari Concili provinciali fino al XVI secolo.

Si tratta, comunque, di provvedimenti che, anche quando furono avvallati dall'autorità pontificia, erano in vigore solo in determinate regioni. Il carattere "locale" di queste norme restrittive permette di comprendere il fatto che a Venezia, nel 1471, comparve la prima edizione stampata della Bibbia tradotta dal camaldolese Niccolò Malermi[6].

La necessità di arrestare o, quanto meno, di frenare il diffondersi della riforma protestante in Europa portò, nei secoli XVI e XVII, a un inasprimento degli interventi restrittivi da parte delle autorità ecclesiastiche di Roma. All'Inquisizione romana, istituita da papa Paolo III nel 1542, fu affidato anche il compito di controllare la produzione, la vendita e la diffusione degli stampati. Nel 1559 il papa Paolo IV fece pubblicare l'Indice dei libri proibiti compilato

---

[5] Questa proibizione è contenuta nel canone 14.
[6] L'opera godette di grande successo. Avendo Paolo IV, nel 1559, proibito ogni nuova traduzione, la versione di Malermi rimase per due secoli l'unica edizione cattolica, autorizzata, della Bibbia italiana. Solo alla fine del Settecento si registrerà in Italia una nuova traduzione della Bibbia ad opera di Antonio Marini.

dall'Inquisizione romana.[7] Nell'appendice si proibì la stampa, il possesso e la lettura di 45 edizioni della Bibbia in latino e venne vietata ogni nuova versione in volgare. Si stabilì, inoltre, che per leggere la Bibbia e il Nuovo Testamento in volgare era necessaria l'autorizza-zione del Sant'Uffizio, autorizzazione che non si doveva rilasciare alle donne e a chi non conosceva il latino.

Il papa Pio IV, avvalendosi di una commissione di vescovi, riuniti a Trento per la fase conclusiva del Concilio, emanò il 24 marzo 1564 un secondo elenco (il cosiddetto "*Indice tridentino*"), in cui le norme generali erano meno restrittive.[8] Il documento conteneva dieci regole, delle quali la quarta stabiliva che per la lettura della Bibbia in volgare era necessaria la licenza del Vescovo o dell'Inquisitore. Nel 1622, però, Gregorio XV eliminò anche questa remota possibilità, abrogando tutte le concessioni dei suoi predecessori.

Nella stessa linea si mosse, circa un secolo dopo, la bolla *Unigenitus* dell'8 settembre 1713 con la quale Clemente XI condannava l'opera *Le Nouveau Testament en francais avec des réflexions morales sur chaque verset* ("Il Nuovo Testamento in francese con riflessioni morali su ogni versetto") del giansenista Pasquier Quesnel. Da quest'opera, in particolare, vennero estrapolate cento e una proposizioni che la bolla condannò come «*false, scandalose, perniciose, sediziose, empie, blasfeme ed eretiche*». Tra queste figurano le proposizioni 79-85 che riguardavano direttamente l'uso della Bibbia. La condanna di queste proposizioni va certamente compresa tenendo conto della mentalità giansenistica generale dell'opera quesneliana, tuttavia è innegabile che essa contribuì a

---

[7] Si ritiene che questo Indice (noto come "*Indice paolino*") sia stato il più severo e radicale della storia.
[8] L'Indice condannava direttamente i libri eretici, mentre prevedeva la possibilità di "espurgare" i libri che presentavano soltanto brevi passaggi proibiti.

sviluppare la "lontananza" del popolo cristiano dalla Bibbia[9].

Si dovette arrivare al 1776 per avere, con il consenso dell'autorità ecclesiastica, la Bibbia di Antonio Martini, tradotta in italiano dalla Volgata. Però, nel 1820, Pio VII condannò con decreto tutte le traduzioni italiane della Bibbia, compresa quella di Martini.

Una provvidenziale inversione di tendenza si verificò solo tra la fine del 1800 e l'inizio del 1900, in particolare ad opera del movimento biblico, patrocinato dal domenicano P. Lagrange (1885-1938), fondatore della Scuola biblica di Gerusalemme e della *Revue biblique* e uno dei pionieri dell'esegesi storico-critica all'interno del mondo cattolico.

Una data fondamentale, in questo nuovo corso, è segnata dall'enciclica *Divino Afflante Spiritu* del 1943, nella quale Pio XII dischiude[10] agli esegeti cattolici la possibilità di utilizzare, con le dovute cautele, il metodo storico-critico e nel contempo li esorta a preparare delle traduzioni della Bibbia non solo dalla Volgata, ma anche dai testi originali.

---

[9] Le proposizioni condannate sono le seguenti: 79 *È utile e necessario in ogni tempo, in ogni luogo e per ogni genere di persona, studiare e conoscere lo spirito, la pietà e i misteri della sacra Scrittura*; 80 *La lettura della sacra Scrittura è per tutti*; 81 *La santa oscurità della parola di Dio non è per i laici un motivo per dispensare se stessi dalla sua lettura. At 8,31*; 82 *Il giorno del Signore deve essere santificato dai cristiani con letture pie e soprattutto delle sacre Scritture. È dannoso voler ritrarre il cristiano da questa lettura*; 83 *È un inganno l'essere persuasi che la conoscenza dei misteri della religione non deve essere comunicata alle donne mediante la lettura dei libri sacri. Non dalla semplicità delle donne, ma dalla scienza superba degli uomini è sorto l'abuso delle Scritture, e sono nate le eresie*; 84 *Strappar via dalle mani dei cristiani il Nuovo Testamento, oppure tenerglielo chiuso privandoli del modo di comprenderlo, è chiudere a loro bocca di Cristo*; 85 *Proibire ai cristiani la lettura della sacra Scrittura, in modo particolare del Vangelo, è proibire l'uso della luce ai figli della luce, e far sì che subiscano una specie di scomunica*.

[10] L'invito fu accolto da diversi studiosi cattolici italiani e dette il via a numerose traduzioni moderne. Tra esse ricordiamo: *La Bibbia*, di Eusebio Tintori a cura della Pia Società San Paolo, Alba (Cuneo) 1931; *La Sacra Bibbia*, di Giuseppe Ricciotti, 1955; *La Sacra Bibbia*, a cura del Pontificio Istituto Biblico, 9 volumi, Firenze 1958; *La Bibbia*, Edizioni Paoline, 1958 (1968); *La Bibbia*, a cura di Alberto Vaccari, 1958; *La Bibbia*, a cura di Fulvio Nardoni, 1960; i volumi della collana *La Sacra Bibbia*, ed. Marietti, 1947-1960.

In questo contesto, in cui al fervore biblico di alcuni si affianca la diffidenza verso la Scrittura da parte di altri, si colloca l'evento del Concilio Vaticano II. Come è noto, il Concilio anziché delineare un ritorno alle misure restrittive del passato, auspicate allora da molti, ha segnato l'inizio di un profondo rinnovamento che spinge la Chiesa a sviluppare la propria vita e la propria missione perseverando «*in religioso ascolto della Parola di Dio*».

2. Il contributo della "*Dei Verbum*"

2.1. Le questioni relative alla Scrittura all'epoca del Concilio

All'epoca del Concilio erano quattro le questioni principali che si dibattevano in riferimento alla Scrittura:
1) La relazione intercorrente tra Scrittura e Tradizione
2) L'applicazione del metodo storico critico, verso il quale nel 1943 Pio XII aveva dato una iniziale apertura con l'Enciclica *"Divino afflante Spiritu"*.
3) Il problema dell'inerranza della Bibbia.
4) Infine, la questione del movimento biblico

2.2. Linee principali della Costituzione *"Dei Verbum"*

Il documento che noi conosciamo con il titolo *Dei Verbum* fu tra quelli che ebbero un iter formativo tra i più travagliati. Lo schema preparatorio, che era stato presentato ai Padri conciliari il 14 novembre del 1962 col titolo *"Constitutio de fontibus Revelationis"*, ricevette, insieme a numerosi consensi, energiche e autorevoli critiche. Giovanni XXIII decise allora di ritirare lo schema e ne affidò l'elaborazione a una nuova commissione. Dopo varie stesure il documento fu approvato il 20 ottobre 1965 col titolo *Costituzione dogmatica sulla divina Rivelazione* o *"Dei Verbum"*.

I punti principali della nuova stesura sono:

1) *Il concetto di "rivelazione"*, che non è riferito anzitutto a delle verità, ma all'autocomunicazione salvifica di Dio: «*Piacque a Dio nella sua bontà e sapienza rivelare se stesso e far conoscere il mistero della sua volontà, mediante il quale gli uomini per mezzo di Cristo, Verbo di Dio fatto carne, nello Spirito Santo hanno accesso al Padre e sono resi partecipi della divina natura*» (n. 2)

2) *Unità della Scrittura e della tradizione* ribadita contro ogni tentativo di separazione: «*La Sacra Tradizione e la Sacra Scrittura sono strettamente tra loro congiunte e comunicanti. Poiché ambedue scaturiscono dalla stessa divina sorgente, esse formano in certo qual modo una cosa sola*» (n. 9). Nella stessa linea si muove il numero successivo che recita: «*La sacra tradizione e la Scrittura costituiscono un solo sacro deposito della parola di Dio affidato alla Chiesa*»

3) *Il problema dell'inerranza*: il primo schema parlava di una inerranza *"in qualibet re religiosa vel profana"*. Il testo definitivo al n. 11 afferma: «*i libri della Scrittura insegnano fermamente, fedelmente e senza errore la verità che Dio per la nostra salvezza volle fosse consegnata nelle Sacre Lettere*». L'inciso «*per la nostra salvezza*» (*nostrae salutis causa*) è di fondamentale importanza. Esso ricupera il linguaggio dei Padri e, in definitiva, risale al *"per noi"* delle formule di fede del Nuovo Testamento.

Questi punti basilari permettono di comprendere gli orientamenti che, mediante la costituzione *"Dei Verbum"*, il Concilio ha dato, circa la presenza della Scrittura nella vita e nella missione della Chiesa.

2.3. La presenza della Scrittura nella Chiesa secondo la *"Dei Verbum"*

Il tema della presenza della Scrittura nella Chiesa è affrontato specificamente nel cap VI, che porta il titolo *La S. Scrittura nella vita della Chiesa*. In questo capitolo sono contenuti alcuni orientamenti fondamentali. Tra essi ricordiamo:

a) Le divine Scritture insieme alla tradizione sono considerate dalla Chiesa come la regola suprema della propria fede. Esse infatti, ispirate da Dio e redatte una volta per sempre comunicano immutabilmente la parola di Dio e fanno risuonare, nelle parole degli apostoli e dei profeti la voce dello Spirito Santo.

b) Con la lettura delle Scritture avviene il colloquio tra Dio e l'uomo. Questa affermazione scaturisce dalla prospettiva conciliare del carattere dialogico della rivelazione: Dio parla e la Chiesa è in religioso ascolto della Parola di Dio.

c) Il riconoscimento della necessità dell'esegesi scientifica è basato sulla categoria patristica della condiscendenza divina (DV 13), in forza della quale si coglie un'analogia tra la Scrittura e il mistero dell'incarnazione: «*Le parole di Dio espresse con lingue umane si sono fatte simili al linguaggio degli uomini, come già il Verbo dell'eterno Padre, avendo assunto le debolezze della natura umana, si fece simile agli uomini*» (n. 13)

d) La finalità pastorale della Scrittura, infine, deriva dalla consapevolezza che la verità contenuta nella Scrittura ci è data "*nostrae salutis causa*". Questa prospettiva richiede che la comprensione critica e scientifica avvenga all'interno dell'orizzonte della fede cristiana che si fonda sul Vangelo e si muove nella luce propria dell'orizzonte teologico-cristologico.

In una prospettiva più specificamente pastorale la Costituzione conciliare delinea i seguenti orientamenti:

a) È necessario che «*tutta la predicazione ecclesiastica come la stessa religione cristiana sia nutrita e regolata dalla sacra Scrittura*».

b) È necessario che tutti i fedeli abbiano un largo accesso

alla Sacra Scrittura. In questa ottica si sottolinea l'esigenza che vi siano traduzioni adeguate della Bibbia.

c) Si attira l'attenzione sulla necessità di un impegno costante da parte degli studiosi, insieme agli altri cultori della sacra teologia, sotto la vigilanza del sacro Magistero, a studiare la Parola con mezzi adatti perché possa diventare cibo vitale del popolo cristiano.

d) Si afferma che lo studio delle Sacre Scritture deve costituire «*come l'anima della sacra teologia*» (n. 24).

e) Infine è vivamente raccomandata la lettura della Scrittura: «*il santo concilio esorta con forza e insistenza (*vehementer peculiariterque*) tutti i fedeli, soprattutto i religiosi, ad apprendere la sublime scienza di Gesù Cristo con la frequente lettura delle Sacre Scritture*» (n. 25)

2.4. La ricezione della *Dei Verbum*

Anzitutto è possibile rilevare che la *Dei Verbum* ha avuto una grande accoglienza e ha sviluppato preziosi frutti. È precisamente questa l'autorevole testimonianza contenuta nel testo *La Bibbia nella vita della Chiesa*,[11] pubblicato nel 1995 ad opera della Commissione episcopale per la dottrina della fede e la catechesi:

> «*Il frutto più evidente di questo rinnovamento è l'importanza che ha assunto la Bibbia nelle celebrazioni: anzitutto la liturgia della Parola nella celebrazione eucaristica; la proclamazione della parola di Dio nella celebrazione di tutti i sacramenti; la preghiera dei salmi nelle comunità; uno stile biblico nella predicazione. […] Il rinnovamento della vita consacrata, i nuovi progetti educativi della preparazione agli ordini sacri, i modelli di vita*

---

[11] Commissione episcopale per la dottrina della fede e la catechesi, *La Bibbia nella vita della Chiesa. «La parola del Signore si diffonda e sia glorificata» (2 Ts 3,1)*, Roma 1995.

> *presbiterale sono fortemente ancorati a una riscoperta della centralità della Bibbia. È facile riscontrare, non solo nelle comunità di vita consacrata, ma anche in molti fedeli laici, nelle parrocchie come nelle varie aggregazioni, un genuino amore per la sacra Scrittura, compresa come parola di Dio. Si assiste all'iniziazione di molti al libro sacro, tramite una rete diffusa di vie formative, con una evidente crescita culturale, spirituale e pastorale. Molti praticano la lectio divina o altre forme ad essa analoghe, quali le 'scuole della Parola' e le esperienze di preghiera incentrate sulla Scrittura, con peculiare e significativa partecipazione di giovani. Uno spazio specifico e ampio viene assicurato alla sacra Scrittura nello studio della teologia, nei cammini formativi della catechesi e nell'insegnamento religioso nella scuola».*

Occorre tuttavia riconoscere che la costituzione conciliare "*Dei Verbum*" incontrò anche notevoli resistenze

Queste resistenze, se da un lato furono causate da forme personali di chiusura alla "novità" del Concilio, dall'altro furono spesso favorite dal fatto che il Concilio non aveva potuto sciogliere alcune questioni "nodali", quali:

a) Il rapporto tra l'Antico e il Nuovo Testamento, per cui si riconosce che la Bibbia è un insieme organico, un unico "libro".

b) L'uso del metodo storico-critico in relazione con l'ermeneutica cristiana della Scrittura. Nella ricezione della DV si è spesso posta l'attenzione più sulla difesa dell'esegesi scientifica che non sull'ermeneutica teologica delineata nel n. 12.

c) Il significato dell'espressione la fede della Chiesa è luogo ermeneutico, che permette alla Bibbia di «*essere veramente sé stessa*».[12]

---

[12] L'espressione è di J. Ratzinger, L'interpretazione biblica in conflitto, in L. Pacomio (ed.), *L'esegesi cristiana oggi*, Casale Monferrato (AL), 2000, 124-125.

I documenti successivi testimoniano l'incidenza di simili questioni per una adeguata accoglienza degli orientamenti vitali contenuti nella *"Dei Verbum"*.

3. Il documento sull'interpretazione della Bibbia

Un testo importante per il nostro argomento è rappresentato dal documento della Pontificia Commissione Biblica del 1993 che porta il titolo *L'interpretazione della Bibbia nella Chiesa*.[13] Il Documento ripropone la necessità del metodo storico critico. In quanto metodo analitico, vi si afferma, «*esso studia il testo biblico allo stesso modo di qualsiasi altro testo dell'antichità e lo commenta in quanto linguaggio umano. Tuttavia permette all'esegeta, soprattutto nello studio critico della redazione dei testi, di meglio comprendere il contenuto della rivelazione divina*» (p. 33). In questo contesto il Documento esprime esplicitamente, e opportunamente, una condanna categorica dell'approccio fondamentalista alla Scrittura.

Accanto al metodo storico-critico il Documento presenta anche i metodi propriamente sincronici correlati all'analisi letteraria del testo biblico, come l'analisi retorica, l'analisi narrativa e l'analisi semiotica. Una particolare attenzione è dedicata agli approcci basati sulla tradizione. Tra questi occupa il primo posto l'approccio canonico, che è di natura sincronica. Inoltre il Documento sottolinea l'importanza del ricorso alle interpretazioni giudaiche e alla storia degli effetti del testo. In questa ampia panoramica figurano anche gli approcci forniti dalle scienze umane (approccio sociale, antropologia culturale, approcci psicologici …) e gli approcci contestuali, che partono dal presupposto che l'interpretazione

---

[13] Sull'influsso di questo documento cf. M. Girard, «Il documento della Pontificia Commissione Biblica "L'interpretazione della Bibbia nella Chiesa": bilancio e prospettive», in *Atti per la Giornata Celebrativa per il 100° Anniversario di Fondazione della Pontificia Commissione Biblica*, Città del Vaticano 2003, 41-45.

di un testo non può essere disgiunta dalla mentalità e dalle preoccupazioni del lettore.

In sintesi, il Documento richiamandosi a Ricoeur e alla sua teoria della polisemia dei testi, orienta a un'interpretazione creativa e pluralistica della Scrittura. Al riguardo possiamo osservare che questa prospettiva apre un cammino che si presenta particolarmente fecondo. Del resto è proprio questa la prospettiva con cui la tradizione rabbinica interpreta la Scrittura, come ha mostrato recentemente una interessante ricerca sulla Mekilta svolta dalla prof. M. Pina Scanu.

Il Documento suppone ormai acquisito il fatto che il metodo storico-critico non è solo consentito, ma addirittura richiesto dal testo biblico, in quanto testo divino-umano. L'esigenza ermeneutica teologica della *Dei Verbum* (n. 12) non rinchiude i metodi scientifici in una dipendenza servile alla teologia, ma piuttosto richiama la necessaria attenzione sui limiti e sui rischi che sono insiti in ogni metodo di ricerca umana. In questo contesto la posizione del Documento è netta: non si tratta di elaborare un'esegesi «*teologica, spirituale*», accanto a quella scientifica: si tratta piuttosto di sviluppare l'interpretazione scientifica nell'orizzonte della fede.

L'esegesi ha dunque un compito scientifico e al tempo stesso una funzione ecclesiale-pastorale. A questo riguardo il Documento contiene in germe l'elemento che permette di cogliere la loro intima correlazione: è il fatto che la Bibbia è interpretazione di se stessa (pp. 83-85).

Occorre tuttavia rilevare che nel Documento manca un orientamento sulla teologia biblica.

4. La Bibbia nella vita della Chiesa

Molte istanze del Documento del 1993 sono state recepite, due anni dopo, dai vescovi italiani nel testo *La Bibbia nella vita della Chiesa.*[14]

Oltre gli effetti positivi dovuti alla costituzione conciliare *Dei Verbum*, effetti che abbiamo richiamato sopra, questo Documento registra, con la dovuta chiarezza, anche le resistenze incontrate dal testo conciliare e quindi le carenze nella realizzazione della presenza della Scrittura nella vita della Chiesa. Tra gli aspetti carenti il documento rileva: lo scarso numero di fedeli che accostano le sacre Scritture[15] e il debole impegno per una pastorale biblica parrocchiale; il distacco della lettura biblica da un atteggiamento di fede ecclesiale; il suo isolamento dai segni di grazia che la Chiesa pone per la vita dei fedeli, in particolare i sacramenti e l'approfondimento catechistico; un accostamento alla Bibbia che non tiene conto delle regole elementari per la sua retta comprensione,[16] la scarsa incisività della parola di Dio nella conversione del cuore, nell'impegno missionario e di carità, nel servizio alla vita sociale e politica; l'assenza di silenzio e di contemplazione sulla parola di Dio. Il Documento osserva giustamente che tutte queste sono ombre che, pur non annullandolo, appesantiscono quel fervore per la Bibbia che la *"Dei Verbum"* aveva suscitato e che lo Spirito intende far crescere ed estendere, poiché il destino della Parola è che «*si diffonda e sia glorificata*» (2Ts 3,1).

Nell'orizzonte così delineato il Documento indica una serie di «*principi e criteri per un retto uso della Bibbia nella vita della*

---

[14] Commissione episcopale per la dottrina della fede e la catechesi, *La Bibbia nelal vita della Chiesa. «La parola del Signore si diffonda e si a glorificata» (2 Ts 3,1)*, Roma 1995.

[15] La rivista *Famiglia cristiana* ha pubblicato nell'ottobre 2007 i risultati di un sondaggio, commissionato alla *Coesis Research*: 69% degli Italiani non ha mai letto i Vangeli e il 15% li ha letti solo in parte.

[16] Questo fatto, come sottolinea il documento dei Vescovi, è particolarmente negativo dato che certe sette religiose abusano proprio della Scrittura per ottenere nuovi adepti.

Chiesa» (n. 18), che qui indichiamo brevemente:
a) *Prestare attenzione al senso letterale.* A tal fine è necessario ricorrere agli strumenti di una corretta esegesi, per non cadere in interpretazioni arbitrarie. Tale senso letterale e storico, come è noto, prende la sua pienezza nella globalità della rivelazione biblica, dunque nella rivelazione di Gesù Cristo, Parola definitiva di Dio.
b) *Confrontare un brano biblico con altri testi della Bibbia.* L'unità del disegno salvifico di Dio, che lo Spirito Santo manifesta nella Bibbia, chiede che ogni parte sia letta nel tutto.
c) *Leggere il testo nel contesto ecclesiale e sacramentale.* Ogni incontro e uso della Bibbia, per essere autentico, richiede la piena condivisione della fede della Chiesa. Tale lettura ecclesiale attinge in certo modo pienezza nelle celebrazioni sacramentali e specialmente in quella eucaristica, *«fonte e culmine»* della comunicazione che Dio fa di sé al suo popolo, mediante la proclamazione di una Parola che chiede l'adesione della vita.
d) *Leggere il testo mossi dalle grandi domande di oggi.*
e) *Saper correlare la Bibbia con la vita.*

La Bibbia appartiene, dunque, alla vita della Chiesa, come documento di fondazione, *«regola suprema della propria fede»*. Essa è certamente di straordinaria rilevanza anche umana e culturale, però deve essere vista dai credenti soprattutto come canale del colloquio continuo, silenzioso e ardente, che la Chiesa intreccia con il suo Signore. Una particolare attenzione è dedicata alla dinamica instancabile che la Scrittura introduce nella vita dei fedeli. Viene per primo l'annuncio e l'ascolto della Parola, cui è indissolubilmente legata la celebrazione della Parola nel sacramento: unica infatti è la *«mensa sia della parola di Dio sia del corpo di Cristo»*. L'ascolto e la celebrazione si traducono poi necessariamente in un'esperienza di vita che è plasmata dalla Parola e da essa è orientata a farsi testimonianza missionaria verso tutti gli uomini.

5. Il testo "Incontro alla Bibbia" dell'Ufficio Catechistico Nazionale

Questo testo, uscito nel 1996, si muove secondo prospettive che recepiscono, e nel contempo approfondiscono, le acquisizioni sul rapporto tra la Scrittura e la Chiesa, che si sono sviluppate a partire dalla *Dei Verbum*.

Il testo parte dal fatto che la Bibbia è libro sacro, il libro della fede per un numero indescrivibile di persone, da tanti secoli. Al suo messaggio hanno ispirato la loro vita e su di essa hanno edificato le loro comunità. Per questo, accanto all'impegno per incrementare la pratica della *lectio divina*, si prospettano anche altre vie da percorrere per rendere la Bibbia sempre più presente nella vita del popolo cristiano.

In particolare, il testo indica, come pastoralmente necessari per la gente: la diffusione del testo stesso della Bibbia—in edizioni ben curate sia dal punto di vista esegetico sia sotto il profilo comunicativo e pastorale—; la costituzione di gruppi biblici; la realizzazione di settimane bibliche; la pubblicazione di sussidi e, in primo luogo, l'indispensabile formazione biblica di base. Una simile realizzazione si presenta oggi possibile, ai vari livelli (locale e diocesano), perché non solo cresce il desiderio della conoscenza biblica nel popolo cristiano, ma anche perché è cresciuto il numero degli esperti e si vanno sviluppando mezzi didattici sempre più appropriati. Questa formazione, rileva il documento, è oggi ancora più urgente per aiutare i fedeli a comprendere la lettura cristiana della Bibbia rispetto agli abusi di alcune sètte religiose.

Per raggiungere tali obiettivi—afferma ancora il testo—la Chiesa cattolica in Italia collabora volentieri con altre Chiese e comunità ecclesiali nel preparare traduzioni, pubblicare edizioni comuni e favorire la diffusione e la conoscenza del testo biblico.[17]

Un tema particolare, affrontato dall'Ufficio Catechistico Nazionale è quello de *la Bibbia nella famiglia*. Al riguardo si osserva che la presenza della Bibbia nella famiglia richiede di abilitare anzitutto i genitori a conoscere la Bibbia, a raccontarla come storia sacra, a valorizzarne i segni e i simboli, a pregare i Salmi, a ricordare i principali avvenimenti salvifici e, al di sopra di tutto, a familiarizzarsi profondamente con la figura di Gesù nei Vangeli. Una raccomandazione particolare alle famiglie è quella di preparare la celebrazione eucaristica domenicale leggendo insieme, in un giorno della settimana, i testi biblici proposti dalla liturgia della Parola della domenica successiva.

Il testo dell'Ufficio catechistico Nazionale sottolinea ancora l'incidenza della Scrittura nel *movimento ecumenico*. Giustamente si prende coscienza che, essendo la Scrittura la base comune della regola della fede, l'incontro con la Bibbia ha un'importanza decisiva nel dialogo ecumenico, quale spazio d'incontro tra le Chiese e le comunità ecclesiali. Questo fatto, si sottolinea, *«comporta, per tutti i cristiani, un pressante appello a rileggere i testi ispirati, nella docilità allo Spirito Santo, nella carità, nella sincerità e nell'umiltà, a meditare questi testi e a viverli, in modo da giungere alla conversione del cuore e alla santità di vita, che, insieme alla preghiera per l'unità dei cristiani, sono l'anima di tutto il movimento ecumenico»*.[18] In questa visuale si ritiene

---

[17] Cf. Pontificio Consiglio per la promozione dell'unità dei cristiani, *Direttorio per l'applicazione dei princìpi e delle norme sull'ecumenismo*, 183.
[18] Pontificia Commissione Biblica, *L'interpretazione della Bibbia nella Chiesa*, IV, C, 4.

opportuno raccomandare che «*i membri delle Chiese e delle comunità ecclesiali leggano la parola di Dio e, se possibile, lo facciano insieme*».[19] La collaborazione ecumenica per favorire la conoscenza del testo sacro e la preghiera con esso, oltre a rafforzare il legame di unità già esistente, costituisce «*una forma importante di servizio comune e di comune testimonianza nella Chiesa e per il mondo*».[20]

Infine, il testo dell'Ufficio Catechistico Nazionale accenna alla relazione esistente tra *Bibbia e cultura*. Si constata che la Bibbia è oggi «*ritenuta anche da numerosi non credenti quale grande 'codice' di pensiero, di etica, di arte, di costume, di istituzioni religiose e civili*». Una conseguenza, quindi, si impone e il testo la esprime con queste parole: «*Approfondire tale feconda ricchezza nella storia della parola di Dio scritta, contribuisce a penetrare ancora di più nel mistero della Parola e favorisce assai il dialogo interculturale e la salvaguardia di universali valori spirituali e umani*».

6. L'intervento dell'episcopato francese del 1997

Nel 1997 l'episcopato francese interviene sul nostro argomento con il documento: *Lire l'Ancien Testament. Contribution à une lecture catholique de l'Ancien Testament, pour permettre le dialogue entre juifs et chrétiens*. Esso merita qui di essere ricordato perché contiene alcune affermazioni che non solo rappresentano una novità rispetto ai documenti citati sopra, ma contengono anche delle indicazioni che riflettono il cammino compiuto dalla ricerca scientifica e, nel contempo, offrono un contributo per un rapporto con la Scrittura che riscopre gli orizzonti delle comunità del N.T.

Il Documento mette anzitutto l'accento sull'unità del

---

[19] Pontificio Consiglio per la promozione dell'unità dei cristiani, *Direttorio per l'applicazione dei princìpi e delle norme sull'ecumenismo, 183*.
[20] *Ib.*

disegno di Dio che, secondo la *Dei Verbum*, sta alla base dell'Antico e del Nuovo Testamento. Questa unità permette di superare la tentazione sempre rinascente di de-valorizzare l'Antico Testamento o—più sottilmente—di utilizzarlo come un "far valere" il Nuovo Testamento. Le espressioni «*un tempo*'; «*altre volte*', «*sotto il regime della legge*' con cui si vuole sottolineare l'oggi, «*d'ora in poi*', «*sotto l'azione dello Spirito Santo*', conducono «*insensibilmente a misconoscere l'unità, la continuità della rivelazione e la fedeltà di Dio*». Un simile modo di pensare, per cui l'Antico Testamento non ha funzione in se stesso, ma solo in preparazione della venuta del Cristo—come ritiene la teoria della sostituzione—porta inevitabilmente a contrapporre due immagini di Dio (giustizia o misericordia), del culto (ritualista o spirituale) della vita (sotto il dominio del timore o dell'amore).

Il documento dei vescovi francesi offre un contributo originale perché si interroga sul significato del compimento delle Scritture e quindi della relazione tra l'antica alleanza e la nuova alleanza. Il compimento delle Scritture significa che in Gesù Dio ha realizzato il suo disegno di salvezza. La lettura dell'A.T. non è dunque semplicemente la lettura di una storia che è anteriore a Gesù, così come Israele è anteriore alla Chiesa. Significa conoscere il disegno di Dio che si è compiuto in Cristo e che si sta compiendo nella comunità cristiana e in tutta l'umanità.

> «*L'Alleanza è antica perché è fondata sulla promessa di Dio. Di ciò il popolo ebraico rimane testimone per sempre [...]. L'Alleanza antica è nuova in un senso nuovo e specifico per le nazioni già incluse nella benedizione di Abramo (Gen 12,3) ed hanno ora accesso all'alleanza (Ef 2,18; cf. Ef 4,5-6). Dal punto di vista della fede cristiana l'Alleanza è nuova anche per il popolo d'Israele chiamato fin dall'origine al rinnovamento escatologico*».

Su questo tema il documento prende una posizione netta:

> «Sarebbe un errore comprendere il carattere eterno della nuova alleanza, manifesta con l'azione di Gesù, come se tutto ciò che lo precede perdesse il suo significato. L'Antico Testamento rimane 'Parola di Dio' tanto per il popolo ebraico che per la Chiesa cristiana».

7. Il popolo ebraico e le sue Sacre Scritture nella Bibbia cristiana

Questo è il titolo del documento elaborato dalla Pontificia Commissione Biblica e pubblicato nel 2001, documento che, secondo la prefazione dell'allora cardinale Ratzinger, intendeva offrire *«un importante ausilio per una questione centrale della fede cristiana e per la così importante ricerca di una rinnovata comprensione fra cristiani ed ebrei»*.

Nella prima parte, che porta il titolo *Le sacre Scritture del popolo ebraico parte fondamentale della Bibbia cristiana*, il documento ripropone quanto aveva affermato la *Dei Verbum*, nel contempo affronta direttamente alcune tematiche che non erano ancora state affrontate nei documenti ufficiali. Tali tematiche sono la relazione tra Scrittura e tradizione orale nel giudaismo e nel cristianesimo; i metodi esegetici giudaici usati nel N.T (in particolare i metodi rabbinici); il problema dell'estensione del canone delle Scritture.

In definitiva, come si afferma nella conclusione di questa parte (n. 84) *«le sacre Scritture del popolo ebraico costituiscono una parte essenziale della Bibbia cristiana e sono presenti, in molti modi, nell'altra parte. Senza l'Antico Testamento, il Nuovo Testamento sarebbe un libro indecifrabile, una pianta privata delle sue radici e destinata a seccarsi»* (p. 199)

La seconda parte delinea concretamente una serie di temi fondamentali del popolo ebraico e la loro accoglienza nella fede in Cristo. Dall'esame di questi temi emergono due dati. Anzitutto si evidenzia l'unità del disegno di Dio, testimoniata dall'Antico e dal Nuovo Testamento. In secondo luogo il documento attira l'attenzione sulla nozione di compimento. Si tratta di una nozione «*estremamente complessa*». Essa, infatti, non consiste nella semplice realizzazione di quanto vi era scritto. Al riguardo, il documento introduce una prospettiva particolarmente interessante e feconda. Esso infatti, partendo dal fatto che nel «*mistero del Cristo crocifisso e risorto il compimento avviene in modo imprevedibile*» (p. 52), sottolinea che:

> «*La constatazione di una discontinuità tra l'uno e l'altro Testamento e del superamento delle prospettive antiche non deve portare a una spiritualizzazione unilaterale. Ciò che è già compiuto in Cristo deve ancora compiersi in noi e nel mondo. Il compimento definitivo sarà quello della fine, con la risurrezione dei morti, i cieli nuovi e la terra nuova. L'attesa messianica ebraica non è vana. Essa può diventare per noi cristiani un forte stimolo a mantenere viva la dimensione escatologica della nostra fede. Anche noi viviamo nell'attesa. La differenza sta nel fatto che per noi Colui che verrà avrà i tratti di quel Gesù che è già venuto ed è già presente e attivo in mezzo a noi*» (p. 53).

In questo orizzonte il documento presenta una interessante trattazione dei temi comuni fondamentali: Rivelazione di Dio; la persona umana: grandezza e miseria; Dio liberatore e salvatore, l'elezione di Israele; l'alleanza... Questa riflessione è mossa dalla convinzione che «*è soprattutto studiando i grandi temi dell'Antico Testamento e la loro continuità nel Nuovo che ci si rende conto dell'impressionante simbiosi che unisce le due parti della Bibbia cristiana e, al tempo stesso, della forza sorprendente dei legami spirituali che uniscono la Chiesa di Cristo al popolo ebraico*» (n. 85).

La terza parte, che porta il titolo *Gli ebrei nel Nuovo*

Testamento, ha un interesse attuale in quanto analizza il problema dell'antisemitismo nei vari testi neotestamentari per concludere: «*un vero antigiudaismo, cioè un atteggiamento di disprezzo, di ostilità e di persecuzione degli ebrei in quanto ebrei non esiste in alcun testo del N.T.*».

La trattazione non ignora il problema ermeneutico fondamentale: «*Essendo il Nuovo Testamento essenzialmente una proclamazione del compimento del disegno di Dio in Gesù Cristo, esso si trova in forte disaccordo con la grande maggioranza del popolo ebraico che non crede a questo compimento*». Questo disaccordo però, come sottolinea chiaramente il documento, non è "antigiudaismo". In realtà si tratta delle differenze tra due gruppi che condividono la stessa fede nell'A.T, ma «*si dividono sul modo di concepire lo sviluppo ulteriore di questa fede*» (87). In conclusione si riconosce che il ricco patrimonio comune rende possibile un dialogo autentico che favorisce la migliore conoscenza dell'Antico Testamento e rafforza i reciproci legami.

8. L'esortazione apostolica "*Verbum Domini*"

L'esortazione apostolica postsinodale *Verbum Domini* è l'ultimo documento che riguarda il nostro tema. L'esortazione è stata scritta come frutto del Sinodo dei vescovi su "*La Parola di Dio nella vita e nella missione della Chiesa*" (5-26 ottobre 2008) e porta la data del 30 settembre 2010.

In questa sede ci limitiamo a indicare gli orientamenti principali del documento,[21] seguendolo nelle sue tre parti.

---

[21] Una buona presentazione del documento è stata elaborata da G. De Rosa, La Parola di Dio «*Verbum Domini*», *La Civiltà Cattolica* 162 (2011/I), 279-288. Interessante, nella sua sinteticità, è anche l'articolo di N. Calduch-Benages, *Presentación general de la exhortación apostólica postsinodal* «Verbum Domini», *Ephemerides Mariologicae* 61 (2011) 289-300.

8.1. La prima parte

La prima parte (*"Verbum Dei"*) sottolinea il valore analogico del termine "Parola di Dio" e presenta alcune indicazioni sull'interpretazione delle Scritture

L'espressione «Parola di Dio», afferma il documento pontificio, si riferisce a diverse realtà che si trovano in perfetta armonia e si presentano tra loro articolate come in una scala discendente. Essa si riferisce innanzitutto al Figlio Unigenito di Dio, nato dal Padre prima di tutti i secoli, Verbo (Parola) del Padre fatto carne (cfr. Gv 1,14). La Parola divina si trova poi presente nella creazione dell'universo, «*opera delle sue mani*», che proclama a viva voce l'esistenza di quel Dio che lo creò—«*i cieli narrano la gloria di Dio e l'opera delle sue mani annunzia il firmamento*» (Sal19,2)—, e in modo particolare nella creazione dell'uomo, fatto a immagine e somiglianza di Dio (Gen 1,26-27). Rivelata e attuata successivamente lungo la storia della salvezza, la Parola di Dio è attestata per iscritto nell'Antico e nel Nuovo Testamento, che la contengono in modo del tutto singolare per il fatto dell'«*ispirazione divina*». Sotto la guida dello Spirito (cfr. Gv 14,26; 16,12-15), la Chiesa, infine, la custodisce e la conserva nella sua Tradizione viva (cfr. n. 10), offrendola all'umanità attraverso la predicazione, i sacramenti e la testimonianza di vita, anch'essi espressioni della Parola di Dio.

Nell'ultima sezione della prima parte (nn. 29-49) il documento concentra l'attenzione su quella Parola di Dio che è la sacra Scrittura e si sofferma sulla sua giusta interpretazione, sul modo cioè in cui il cristiano deve avvicinarsi al testo sacro in quanto Parola di Dio donata alla sua Chiesa.

L'importanza riservata a questa tematica è messa in rilievo, già ad un primo sguardo, dal fatto che la sezione ad essa dedicata è la più lunga seguita solo da vicino dalla

Liturgia, luogo privilegiato della parola di Dio (nn. 52-71).

La *Verbum Domini*, richiamandosi alla *Dei Verbum*, parla di due livelli di interpretazione che nel n. 37 sono chiamati livello letterale e livello spirituale[22]: il primo si propone di cogliere il senso del testo con il metodo storico-critico, il secondo è teologico in quanto tiene conto della dimensione divina della Scrittura. Quanto al livello teologico l'Esortazione si richiama al n. 12 della *Dei Verbum* e indica tre criteri fondamentali per sviluppare un'interpretazione che tenga conto della dimensione divina della Bibbia. Tali criteri sono:

1) «*l'unità di tutta la Scrittura* (esegesi canonica!)
2) *la tradizione viva di tutta la Chiesa*
3) *l'analogia della fede*».

La prospettiva "teologica" che illumina l'insieme è che «*la Chiesa [è il] luogo originario dell'ermeneutica della Bibbia*» (nn. 29-30). Riflettendo sull'odierna ermeneutica biblica, il documento nota l'esistenza di un grave divario fra fede e ragione, studio razionale e prospettiva sapienziale, esegesi accademica e approfondimento teologico dei testi biblici, con le pesanti ripercussioni che tali contrasti comportano nella formazione intellettuale e spirituale dei credenti e, di conseguenza, nell'azione pastorale di tutta la comunità ecclesiale. Da questa constatazione scaturisce l'esortazione ad evitare il pericolo del dualismo e di un'ermeneutica biblica secolarizzata, che finiscono per perdere il significato della Scrittura. Fede e ragione, infatti, procedendo l'una e l'altra dallo stesso Dio

8.2 La seconda parte

Nella seconda parte (*"Verbum in ecclesia"*) si sviluppa la

---

[22] Per la *Verbum Domini* la dottrina dei due livelli rappresenta uno dei «grandi principi dell'interpretazione propri dell'esegesi cattolica, espressi dal Concilio Vaticano II» nella *Dei Verbum* 12

riflessione sulla funzione della Parola di Dio e della celebrazione liturgica e sacramentale, mediante le quali il Cristo è contemporaneo agli uomini nella vita della Chiesa. Anche questa parte affronta fondamentalmente due tematiche:
1) La liturgia, luogo privilegiato della Parola di Dio;
2) La Parola di Dio nella vita ecclesiale.

Per quanto riguarda la prima tematica, l'Esortazione apostolica introduce una prospettiva, che richiede di essere interpretata correttamente, perché possa essere feconda. Si tratta, afferma il documento, della necessità di passare da una concezione settoriale di «*pastorale biblica*» ad un modo di concepire l'evangelizzazione come «*animazione biblica dell'intera pastorale della Chiesa*» (n. 73), nel senso che in tutta l'attività pastorale si deve mirare all'incontro personale con Cristo «*che si comunica a noi nella sua Parola*» (*ib.*). Il documento, ricordando a questo proposito la magnifica espressione di san Girolamo, l'«*ignoranza della Scrittura è ignoranza di Cristo*», aggiunge che compito di tutta la pastorale è quella di portare a una «*maggiore conoscenza della persona di Cristo, Rivelatore del Padre e pienezza della Rivelazione divina*» (*ib.*).

8.3 La terza parte

La terza parte ("*Verbum mundo*") affronta il tema della missione che hanno i cristiani di annunciare la Parola di Dio nel mondo in cui vivono ed operano.

In particolare, il documento si diffonde sull'impegno della Chiesa a servizio dell'umanità in tutte le sue componenti sociali, in primo luogo in difesa degli ultimi e dei poveri e lavorando per la riconciliazione e la pace tra i popoli (nn. 99-108). Questi numeri, scritti nella visuale del «*valore prezioso di fronte a Dio di tutte le fatiche dell'uomo per rendere il mondo più giusto e più abitabile*» (n. 100), mostrano che la dimensione terrena e quella sociale sono fondamentali per la vita del cristiano e di ogni persona umana. L'ascolto e l'annuncio della Parola devono favorire l'assimilazione di questo valore e la sua traduzione nei vari ambiti della vita umana.

Nei numeri dedicati al rapporto fra la Parola di Dio e le culture (nn. 109-114) il documento esorta specialmente gli «*operatori culturali*» a recuperare il ruolo della sacra Scrittura come «*grande codice*» per tutte le espressioni umane artistiche e spirituali, mostrando a tutti, credenti e non credenti, i «*valori antropologici e filosofici che hanno influito positivamente su tuta l'umanità*» (n. 110).

9. Rilievi e prospettive

La presentazione del cammino percorso, a livello dei documenti ecclesiali, dalla "*Dei Verbum*" alla "*Verbum Domini*", consente di raccogliere in forma sintetica le principali acquisizioni raggiunte e, nel contempo, attira l'attenzione su quei "nodi" che ancora oggi appartengono alla categoria delle *questiones disputatae*. In riferimento a questi ultimi prospettiamo alcune piste di soluzione rese possibili da una migliore comprensione del processo che è culminato nella canonizzazione delle Scritture.

9.1. L'unità del disegno di Dio

L'unità del disegno di Dio, testimoniato dalla totalità della Scrittura, è il "teologumeno" che la *Dei Verbum*, richiamandosi alla grande teologia patristica e allo stesso N.T, ha affermato autorevolmente e che nei documenti successivi ha costituito sempre lo spazio nel quale si è situata la riflessione teologica e pastorale sulla Bibbia nella vita della Chiesa. Il documento che ha portato un approfondimento originale e fecondo su questo tema, come abbiamo visto, è *Lire l'Ancien Testament*, emanato dall'episcopato francese nel 1997.

L'affermazione dell'unità del disegno salvifico di Dio è intrinsecamente connessa con la totalità della Scrittura. La Scrittura della Chiesa non è formata dai Vangeli e nemmeno dai soli libri del N.T, ma è costituita dai libri dell'Antico e del Nuovo Testamento, compresi come una unità a livello canonico e, conseguentemente a livello ermeneutico[23]. L'insieme di questi libri, come ha costantemente sottolineato con risolutezza e determinazione il prof. Federici, forma la "Santa Scrittura" che illumina e nutre la Chiesa nella sua vita, nella sua preghiera e nella sua teologia.

9.2. Relazione tra l'Antico e il Nuovo Testamento

Dal presupposto della totalità della Scrittura nella vita della Chiesa scaturisce la domanda della relazione tra i due "testamenti". Si tratta di una domanda fondamentale per l'interpre-tazione della Scrittura. Non è questa la sede per richiamare le diverse risposte che questa domanda ha ricevuto nella storia della Chiesa. Qui è sufficiente ricordare che alcune di queste risposte hanno di fatto portato a quella "de-valorizzazione" dell'A.T lamentata dal documento dell'episcopato francese e avversata strenuamente dal prof. Federici, come appare in tutti i suoi scritti e come ben ricordano coloro che hanno avuto la fortuna di ascoltare direttamente le sue lezioni magistrali.

A nostro avviso gli orientamenti che si sono sviluppati in questi ultimi decenni nella ricerca scientifica offrono la giusta

---

[23] Il documento dell'episcopato francese del 1997 contiene un'affermazione esplicita a questo riguardo: «*La conscience renouvelée de l'unité du dessein de salut nous permet de surmonter la tentation toujours renaissante de dévaloriser l'Ancien Testament ou—plus subtilement—de l'utiliser comme un « faire valoir » du Nouveau*».

direzione per una risposta che raccolga, in una sintesi superiore, i dati della riflessione patristica e, nel contempo, apra nuovi orizzonti alla comprensione della Scrittura e alla sua accoglienza sapienziale nella vita quotidiana del popolo cristiano. La risposta alla quale ci riferiamo, è sviluppata a partire dalla prospettiva canonica della Scrittura e, più precisamente, a partire dal processo che è culminato nella formazione del canone delle Sante Scritture.

A tale riguardo è noto che il primo complesso di scritti che ricevette forma stabile e dignità "canonica" tra il V e il IV sec. a.C. è rappresentato dai cinque libri che compongono la *Torah*. La seconda parte del canone ebraico delle Scritture, i "Profeti", fu canonizzata circa due secoli dopo. Come risulta dalle correlazioni letterarie che esistono tra questa seconda parte e la prima,[24] i libri dei Profeti furono canonizzati perché il loro insieme era inteso come un orizzonte ermeneutico della stessa Torah. Detto in altri termini i libri profetici che appartengono al canone delle Scritture offrono un orizzonte dal quale non può prescindere l'interpretazione della Torah, intesa come "insegnamento" con cui il Signore guida in ogni tempo il cammino del suo popolo verso la salvezza. Gli stessi motivi sono alla base di quel processo che ha portato nel I sec. d.C. alla canonizzazione degli altri "Scritti". Anch'essi furono visti come un ulteriore orizzonte, divenuto necessario per comprendere, interpretare e attuare la Torah nel suo valore permanente di insegnamento che dischiude la luce della sapienza divina.[25]

---

[24] Nel canone ebraico la sezione chiamata "Profeti", che comprende i "Profeti anteriori" (Giosuè, Giudici, Samuele, Re) e i "Profeti posteriori" (Isaia, Geremia, Ezechiele e i Dodici Profeti), mediante la tecnica dell'inclusione è incorniciata dall'esortazione a osservare la Torah di Mosè (cf. Gs 1,7-8 e Ml 3,22).

[25] È sufficiente qui richiamare l'importanza della Torah nel Salterio (cf. Sal 1 e Sal 119).

La conoscenza di questo dinamismo "ermeneutico", che rappresenta la "cellula" vitale della formazione del Canone delle Scritture, offre la possibilità di cogliere in modo nuovo il rapporto tra Antico e Nuovo Testamento.

Le prime comunità cristiane per vari decenni non disposero di nessun testo canonico del N.T. Esse però non sono mai state senza la "Scrittura". I primi cristiani nutrivano la propria fede nel Signore risorto avvicinandosi alla Torah di Mosè, ai Profeti e ai Salmi (ossia all'insieme delle Scritture). La prassi costante di comprendere la fede nel Signore Risorto alla luce delle Scritture si sviluppò nella certezza che le promesse di Dio, contenute in tutte le Scritture, hanno raggiunto il loro compimento nella risurrezione di Cristo. Si può parlare di compimento delle Scritture, secondo l'autocoscienza delle prime generazioni cristiane, solo a partire dall'evento della risurrezione del Cristo e, proprio per questo, la categoria del "compimento" può essere affermata unicamente nella prospettiva della fede.

I libri del N.T sono il frutto di questa laboriosa attività delle prime comunità cristiane; essi sono l'espressione e la testimonianza della loro ricerca di comprendere la fede nel Risorto, e di viverla nella coerenza della propria vita, ricorrendo alla Scrittura e, in primo luogo, all'insegnamento della Torah. Il riconoscimento del valore canonico di questi libri, ad opera di una comunità che si sentiva costantemente orientata dal Risorto a scrutare le Scritture (cf. Lc 24,44-47), può essere adeguatamente compresa solo se ci si colloca in quella prospettiva nella quale è avvenuta la canonizzazione della Torah, dei Profeti e degli Scritti. In altri termini l'insieme dei testi che noi conosciamo come Nuovo Testamento è stato canonizzato in quanto venne a costituire l'orizzonte ermeneutico cristiano della Torah. I cristiani leggono, interpretano e attualizzano la Torah non solo muovendosi all'interno dell'orizzonte rappresentato dai Profeti e dagli Scritti, ma anche tenendo sempre presente l'orizzonte che è costituito dai libri canonici del N.T.

Il prof. Federici, ci sia consentito questo ricordo, esprimeva tale profonda comprensione ricorrendo volentieri al messaggio che scaturisce dalla simbologia della notte pasquale, quando alla luce del cero pasquale, segno della fede nel Risorto, la Chiesa apre il libro delle Scritture incominciando dalla prima pagina della Torah. Il canone del N.T offre le coordinate della fede necessarie per leggere la Torah, e quindi i Profeti e gli Scritti, alla luce del cero pasquale!

9.3 Bibbia e tradizione

La formazione del canone cristiano, nella ricchezza del dinamismo vitale al quale abbiamo accennato, permette di vedere con occhi nuovi il rapporto tra la Scrittura e la Tradizione. La *Dei Verbum*, come è noto, ha sottolineato con forza la profonda connessione che esiste tra queste due grandezze distinte e, nel contempo, inseparabili.[26] Al tempo stesso, però, non ha risolto il problema della natura specifica di questo rapporto. La stessa prospettiva della *"Verbum Domini"* che presenta la Chiesa «*quale luogo originario dell'ermeneutica della Bibbia*» (nn. 29-30), se non è compresa correttamente, rischia di compromettere il valore fondativo della Scrittura, sottomettendola riduttivamente al dogma sviluppatosi lungo la storia della Chiesa.[27]

---

[26] Su questo aspetto la Dei Verbum (n. 9) afferma: «*La sacra tradizione e la sacra scrittura sono dunque strettamente tra loro congiunte e comunicanti. Poiché ambedue scaturiscono dalla stessa divina sorgente, esse formano in certo qual modo una cosa sola e tendono allo stesso fine. Infatti la sacra scrittura è parola di Dio in quanto è messa per iscritto sotto l'ispirazione dello Spirito divino*».

A nostro avviso la conoscenza del processo formativo del canone del N.T offre un chiaro orientamento anche per la soluzione di questa *vexata quaestio*. La formula «*vi ho trasmesso ciò che anch'io ho ricevuto*» (cf. 1 Cor 15,3) mostra che la "Tradizione" vitale della Chiesa (la "Tradizione" con la T maiuscola) è la trasmissione della fede nel Signore risorto, fede che ha la sua espressione sacramentale nel battesimo e nell'Eucaristia.

La fede nel Risorto è la luce con cui le prime generazioni cristiane e i cristiani di tutti i tempi comprendono le Scritture e attingono da esse la "perseveranza" e la "consolazione" (cf. Rm 15,7) necessarie alla loro vita e alla loro missione. In altri termini, la fede nel Risorto che Dio dona per mezzo dello Spirito, è l'orizzonte dell'ermeneutica cristiana della Scrittura. In questo senso si può affermare che la Chiesa, in quanto trasmette di generazione in generazione la fede nel Risorto, è «*il luogo originario dell'ermeneutica della Bibbia*».

Invece, tutto ciò che riguarda le conseguenze che scaturiscono dalla fede nel Risorto, come la comprensione stessa della fede, il cammino delle comunità cristiane nella storia, le forme concrete della loro vita e della loro missione, costituisce la tradizione con la t minuscola. La concretizzazione di questa tradizione (o di queste tradizioni), è necessariamente guidata dalla Scrittura quale "*norma normans non normata*".

L'esatta comprensione di questa distinzione offrirà, a nostro avviso, un contributo anche al superamento dell'antitesi spesso avvertita tra Scrittura e Magistero. Una simile antitesi, benché priva di un fondamento oggettivo,

---

[27] Su questo argomento rinviamo alle interessanti osservazioni di L. Mazzinghi, Parola di Dio e vita della Chiesa, *RivB* 55 (2007) 401-429 (in particolare le pp. 407-408).

potrebbe sempre rappresentare, come talvolta si è verificato nei secoli passati, un ostacolo alla "corsa" della Parola di Dio nella realtà storica della Chiesa.

9.4. La teologia biblica

La "teologia biblica", alla quale i lavori del prof. Federici hanno dato un contributo decisivo, che in parte richiede tuttora di essere riscoperto[28], è la grande conseguenza che i documenti dalla *Dei Verbum* alla *Verbum Domini* hanno indicato, sia pure con sottolineature e angolature prospettiche diverse. In questa sede è anzitutto necessario chiarire che con il termine "teologia biblica" non s'intende una comprensione della Scrittura secondo la prospettiva sviluppata dai Padri della Chiesa o dai maestri dei secoli successivi fino ai teologi del nostro tempo. L'espressione, come ha giustamente precisato H. Gese, denota

> *«la comprensione della Scrittura che la Bibbia ha di sé o di sé ha elaborato». Ne deriva, come conseguenza, che «prima di determinare una comprensione della Scrittura dall'esterno, partendo da prospettive sistematiche, dogmatiche o pratiche, dovremmo cercare di giungere alla corretta comprensione della Scrittura dall'interno, partendo dalla Bibbia stessa».*[29]

La ricerca biblica ha elaborato diverse opere di teologia dell'A.T e di teologia del N.T. La consapevolezza dell'unità della Scrittura richiede che, nell'ambito cristiano si giunga a sviluppare una teologia biblica che abbracci tutto il canone cristiano. Per realizzare questa comprensione teologica

---

[28] Un contributo particolare ha dato il prof. T. Federici con la trattazione dei temi biblici. Lo studio della prospettiva con la quale Federici li ha analizzati e li ha posti in connessione tra di loro, rappresenta a nostro avviso un campo di ricerca non solo interessante, ma anche particolarmente promettente per individuare il contributo che il professore ha dato allo sviluppo della teologia biblica.

[29] H. Gese, *Sulla teologia biblica*, Brescia 1988 (or. ted. 1983), 13.

unitaria della Scrittura è fondamentale lo studio dei temi biblici presenti nell'Antico e nel Nuovo Testamento, uno studio che sia particolarmente attento a cogliere il nesso che li relaziona tra di loro all'interno dell'unità della Scrittura stessa.

Il processo della formazione del canone cristiano, nel quale i libri del N.T esprimono l'orizzonte ermeneutico con cui la Chiesa si accosta a tutte le Scritture, orienta a ritenere che la conoscenza dei temi biblici presenti nella Torah, nei Profeti e negli Scritti, è la via maestra per sviluppare una sintonia profonda con ciò che la Bibbia pensa di se stessa, in altre parole per enucleare i contenuti portanti della teologia biblica. Questa constatazione orienta ad accostare le opere principali di "teologia dell'Antico Testamento", nelle quali i rispettivi autori hanno posto al centro della loro opera il tema che, a loro giudizio, costituisce il nucleo centrale e unificante di tutto l'Antico Testamento.

La conoscenza di questi temi offre una ricca gamma di prospettive teologiche che attraversano tutte "le Scritture" per essere riprese dal N.T nella luce ermeneutica della fede nel Signore risorto,, compimento del disegno salvifico di Dio. Qui ci limitiamo ad elencare questi temi biblici, rinviando alle opere dei rispettivi autori. Essi sono: l'alleanza e la nuova alleanza;[30] la signoria regale del Signore;[31] la comunione di Dio con la famiglia umana;[32] l'azione salvifica di Dio che realizza l'esodo e, quindi, gli eventi che formano e caratterizzano la storia del suo popolo[33]; il Nome che indica

---

[30] Il tema dell'alleanza di Dio con il suo popolo costituisce il centro della teologia dell'AT per W. Eichrodt, *Theologie des Alten Testaments*, I-III, Stuttgart 1933-1939.

[31] La signoria regale di JHWH rappresenta il nucleo teologico dell'AT secondo L. Köhler, *Theologie des Alten Testaments*, Tübingen 1936.

[32] Secondo T. C: Vriezen, *Outline of Old Testament Theology*, Oxford ²1970 (l'opera originale risale al 1949), questo elemento caratterizza l'autorivelazione di Dio e permette di comprendere la creazione della comunità dell'alleanza e il culto.

[33] L'azione salvifica di JHWH è considerata il nucleo dell'AT nell'opera di G. E.

l'unicità e l'ineffabilità di JHWH e nel contempo, in quanto rivelato, esprime il suo rivolgersi salvifico a Israele e chiede al popolo la risposta dell'adesione totale, come è esplicitamente indicato dal primo dei dieci comandamenti;[34] la regalità salvifica di JHWH e la comunione tra Dio e l'uomo,[35] l'attesa escatologica e la fede nella risurrezione come compimento delle promesse salvifiche di Dio.

L'insieme delle prospettive messe in luce dagli autori citati, si presenta in una connessione profonda, caratterizzata da una speranza che diventa attesa escatologica e confessione apocalittica del «*mondo che deve venire*»[36]. Nella visuale della tradizione cristiana tutto orienta a ritenere che la «fede nella risurrezione e la confessione del Signore risorto rappresentano il punto di convergenza dell'Antico e del Nuovo Testamento».[37] A sua volta questo orientamento teologico dei due Testamenti, che formano l'unica Scrittura cristiana poggia sulla confessione della regalità salvifica di

---

Wright, *God Who Acts: Biblical Theology as Recital* (Studies in Biblical Theology 8), London 1952.

[34] W. Zimmerli presenta la sua concezione in *Grundriss der alttestamentlichen Theologie*, Stuttgart 1972. Diversamente da G. Von Rad, l'Autore ritiene che un principio unificante nella teologia dell'AT è richiesto dal fatto stesso che le diverse prospettive teologiche intendono portare alla conoscenza dell'unico JHWH

[35] Secondo G. Fohrer questi due concetti, tra loro «*collegati e agganciati come i due punti focali di un'elisse*» rendono possibile parlare di un «*nucleo centrale della fede e della teologia veterotestamentaria*». Cf. *Strutture teologiche dell'Antico Testamento*, Brescia 1980 (or. ted.: Berlin 1972).

[36] Non è questa la sede per affrontare la questione dibattuta tra gli studiosi se l'AT abbia un suo centro teologico. Per questa problematica cf. G. Odasso, Percorsi dell'esegesi e della teologia biblica: prospettive per la mariologia biblica in AA.VV. *Nuovi percorsi di mariologia* (Supplemento a *Theotokos* 1/2001) 11-41 (specialmente le pp. 22-37). Nella prospettiva della tradizione cristiana tutta la Scrittura è considerata come una unità teologica e perciò contiene un elemento unificante. A nostro avviso, l'individuazione di questo elemento è resa possibile non dai metodi storico-critici (anche se non possono essere ignorati), ma dall'approccio canonico alla totalità della Scrittura.

[37] G. Odasso, Percorsi dell'esegesi e della teologia biblica: prospettive per la mariologia biblica, *cit.* (cf. nota 26), 37.

JHWH e, quindi, sulla speranza nell'avvento del suo regno,[38] speranza che nel N.T trova la sua espressione nell'invocazione liturgica *"marana thà"* ("Signore nostro, vieni!").

9.5 L'approccio diacronico e sincronico alla Scrittura

Un'acquisizione preziosa, che abbiamo potuto constatare dall'esame dei documenti citati, in particolare è la consapevolezza che nell'approccio alla Scrittura insieme al metodo storico-critico, che è propriamente diacronico, è anche necessario il ricorso ai metodi sincronici, tra i quali merita di essere rilevato il metodo canonico e l'attenzione all'ermeneutica rabbinica, anch'essa di natura sincronica[39]. Un contributo fondamentale, in questo senso, è stato offerto dalla Pontifica Commissione Biblica con il documento del 1993, intitolato: *L'interpretazione della Bibbia nella Chiesa*.

Purtroppo una certa diffidenza verso il metodo storico-critico continua ad esercitare un influsso negativo in alcuni ambienti e contesti ecclesiali. Al riguardo, anche se può apparire una ovvietà, ci sembra necessario sottolineare che non è il metodo in se stesso a sviluppare una comprensione della Scrittura chiusa all'orizzonte ermeneutico del Vangelo, ma è la sua applicazione "impropria". Lo stesso approccio canonico diventa particolarmente fecondo se chi lo applica tiene conto delle conoscenze o delle problematiche dischiuse dal metodo storico-critico. Del resto, il rischio di un'applicazione impropria non riguarda solo il metodo

---

[38] In questo contesto è fondamentale la relazione dialettica tra l'esperienza attuale della salvezza e l'attesa del compimento della promessa. Questa relazione attraversa tutto l'AT e trova una formulazione esplicita nel NT mediante la nota espressione "già" e "non ancora" (cf. 1 Gv 3,2).

[39] Se si tiene conto delle riserve espresse verso l'esegesi scientifica che si chiuda al livello spirituale del testo, acquista un significato particolare il riconoscimento dato dalla *Verbum Domini* (n. 34) al metodo storico-critico: «*Il frutto positivo apportato dall'uso della ricerca storico-critica moderna è innegabile*».

storico-critico, ma anche i vari metodi sincronici, La stessa interpretazione "spirituale", se non è obiettivamente fondata sul testo, non coglie la ricchezza della Parola e quindi è tanto più pericolosa quanto più chi la pratica si illude di nutrirsi del cibo sostanzioso delle Sante Scritture.

L'interpretazione della Scrittura è un evento "teandrico": è opera dello Spirito di Dio che è effuso nel cuore dei credenti ed è opera dei credenti che sanno attingere dalla Scrittura cose vecchie e cose nuove. In quanto opera del credente l'interpretazione della Scrittura non potrà mai prescindere dai diversi metodi che consentono di attingere alle ricchezze inesauribili dell'insegnamento divino in essa contenuto.

9.6 "Verso la pienezza della divina Verità"

La presente riflessione, se da un lato mostra il carattere arduo e impegnativo dell'interpretazione delle Sante Scritture, dall'altro si è sviluppata nella consapevolezza del compito essenziale che attende l'intera Chiesa chiamata a proseguire il proprio cammino *"Dei Verbum religiose audiens"*: in religioso ascolto della Parola di Dio. È questa, in definitiva, la direzione indicata dalla solenne affermazione della *Dei Verbum*: «*La Chiesa nel trascorrere dei secoli tende incessantemente alla pienezza della divina Verità, finché in essa non si compiano le Parole di Dio*» (DV 8). La Scrittura, accolta, studiata, meditata, celebrata guida il popolo cristiano nel suo cammino verso la pienezza della "Verità", ossia verso la pienezza della rivelazione propria del mondo futuro, quando le promesse di Dio avranno raggiunto il loro compimento non solo nel Risorto, ma in tutti coloro che, uniti a lui, risorgono dai morti per vivere nel regno del Padre.

Questo tendere incessantemente verso la pienezza della rivelazione è il frutto prezioso che la Scrittura, crescendo nel cuore di chi la legge, continua a sviluppare. Questo tendere alla pienezza della rivelazione è stato l'anelito interiore e la passione ardente che ha infiammato il cuore del prof. Federici e che lo ha reso un esempio luminoso della fede della Chiesa che confessa il Signore risorto ed è guidata, mediante le sante Scritture, alla Gerusalemme celeste.

Conclusioni
—
Don Ludovico Maule

Sento di esprimere il sentimento comune del ringraziamento al professore padre Giovanni, per quanto ha detto e per come l'ha detto. Per il calore, la simpatia con cui ci ha parlato. Dato che il tempo è piuttosto scarso non aggiungo altro e cedo subito la parola all'assemblea.

Possano intervenire anche quanti sono con noi collegati tramite *internet*.

Se qualcuno vuole prendere la parola, può farlo.

Dibattito

Domanda

Allora, nella prima parte padre Giovanni ci ha detto che possiamo chiedere qualche esempio su come si può deviare il senso attraverso una traduzione, o un tradimento, della Scrittura. Ecco a noi piace sentire raccontare da chi sa raccontare. Grazie

Padre Giovanni Odasso c.r.s.

Faccio un esempio molto semplice, prendo il Salmo 51 di

Davide nella Liturgia delle Ore, e leggo: «*Quando andò da lui il Profeta Nathan dopo che egli aveva peccato con Betsabea*» Aveva peccato con Betsabea poi leggiamo il Salmo e chi ci pensa a Davide? Nessuno. Vado a vedere il testo ebraico, «*Quando andò da lui il Profeta Nathan*» richiama 2 *Sam* 12.

Quindi Davide ha peccato, poi andò da lui Nathan e e il Profeta gli fece il famoso esempio della pecora, del suo padrone che se la teneva, a dormire con sé: la parabola vuol dire che quello era l'unico bene che quel poveraccio aveva.

E quando il ricco riceve la visita, perché i ricchi ricevono visite, ha la geniale idea di far prendere quell'unica pecora. L'ira di Davide si accende. Chi è quell'uomo? Tu sei quell'uomo. E poi il Profeta gli dice: «*Perché tu hai fatto così, così, così*» Dunque veramente Davide dice: «*Ho peccato contro il Signore*». Abbiamo il reo confesso senza nessun dubbio. È veramente lui che merita la morte.

Ora contro tutta la logica, ecco quindi l'analisi narrativa, contro tutta la logica apparente del racconto, Nathan dice: «*Il Signore ha perdonato il tuo peccato*». Il messaggio è quando l'uomo si riconosce peccatore davanti a Dio, Dio, fedele al suo amore, lo perdona e, quindi, lo libera dalla morte. Il Salmo 51, una preghiera recente, che è una preghiera che si sviluppa su questa fede, la fede di questa narrazione.

Vado a vedere il testo ebraico dice: «*Quando Nathan andò da Davide dopo che Davide era andato da Betsabea*» ma la nostra traduzione è «*Dopo che aveva peccato*», ma io lo so che Davide non è andato a recitare il rosario con Betsabea. Questo lo so, ma la traduzione si capisce, tende a sottolineare il peccato dell'adulterio etc.: ma il testo ebraico è molto più profondo.

Io, leggendo il testo ebraico, mi chiedo subito: «*Il mio andare verso gli altri in quale categoria si colloca? Si colloca nella categoria dell'andare di Davide, che disunisce la famiglia, che porta la morte, la distruzione, la rovina, o nella linea del Profeta, che porta la Parola, che porta la salvezza?*» Lì posso meditarci tutta la vita mentre la versione che, a prima vista, sembra molto utile, in realtà impoverisce. Ecco, questo per dire il testo è molto importante.

Domanda

Grazie della bellissima conferenza. Personalmente io sono stato toccato dai rilievi che ha fatto sulla *Verbum Domini*, in particolare quando ha ricordato l'invito del del Santo Padre ad evitare questo dualismo tra lettura spirituale e lettura secondo il metodo storico-critico.

Dualismo che non c'è, insomma, mentre esiste la preoccupazione riguardo al rischio. Noi abbiamo ormai un modo di guardare l'argomento per cui il metodo dei Padri offre letture spirituali e letture allegoriche, poi è arrivato il metodo storico-critico: allora noi cadiamo dalle nuvole. In realtà, per esempio Sant'Agostino, nella *Dottrina Cristiana*, traccia proprio le linee su come comparare dei manoscritti, certo senza la miriade dei modelli storico-critici: però anche nei Padri c'era un'attenzione fortissima al testo, basti ricordare la Scuola Alessandrina. Per questo i Padri possono insegnarci, proprio, come armonizzare. Nello specifico volevo chiederle quanto segue. Don Maule ha ricordato tutte le sue attività, anche Sua Eccellenza Monsignor Apicella si è mostrato entusiasta di tutte le sue attività, specie la *Lectio Divina*. Qualche consiglio molto pratico su come organizzare le iniziative per fare arrivare al maggior numero possibile di fedeli l'attenzione e lo studio della Parola di Dio.

Poi volevo chiederle, a questo riguardo, un'opinione. Conoscerà sicuramente questo tentativo, da vent'anni, di cercare di coordinare tutte le iniziative di studio biblico a livello delle Diocesi, con l'inserimento nei settori degli Uffici catechistici delle Diocesi anche di un Coordinamento a livello nazionale, se pensa che questa strategia può essere utile.

Padre Giovanni Odasso c.r.s.

Anzitutto grazie per la sua indicazione che anche i Padri fanno una lettura che non è solo, come si suole dire, spirituale ma che tiene conto del testo. A conforto dico che anche l'esegesi giudaica non faceva solo un'interpretazione teologica, spirituale ma era molto attenta ai testi e, a volte, sollevava dei problemi che la nostra critica testuale non ha individuato, e lo ha fatto leggendo un testo, richiamando altri testi, cosa che suppone una grande conoscenza della Bibbia.

Non basta solo avere le famose concordanze. Io cerco una parola e vedo se è una concordanza fatta bene vedo però se quando leggo la Bibbia. Ma non mi viene il sospetto se questa è una parola importante? La lettura della Bibbia, io credo, è sempre la famosa porta stretta ma porta vitale. E esistono qui diversi metodi. Posso citare una testimonianza del professore, probabilmente molti di voi ne conoscerete altre.

Il professore un giorno mi disse che lui leggeva i Salmi una volta alla settimana, tutto il Salterio, e una volta in ebraico, una volta in greco, una volta in latino, una volta in italiano. Ma io mi dicevo: «*Beh, io no... magari non una volta alla settimana, ma una volta al mese, una volta al semestre: l'importante è mettiamoci un termine e, dentro quel termine, cerchiamo di leggere un testo che ci programmiamo.*» Ecco direi non partiamo subito con il libro più lungo, perché quello è il segreto per poi non arrivare alla fine,. Partiamo con qualche testo che ci piace, però, ecco, la lettura del testo è quella fondamentale.

Allora io sono così, non so nemmeno io cosa faccio, un

po' come quel detto del Vangelo: «*Non sa la destra quello che fa la sinistra*». Lei mi chiede consigli pratici. Direi nella misura che il Signore ci porta a poter organizzare qualche cosa, in questa misura direi di cercare prima di avere degli obiettivi per esempio l'obiettivo portare la Parola, senza tante mete perché poi a ognuna devo opporre spesso una negazione.

Portare la Parola. Per quello che si può. Poi si incomincia e man mano si può affinare. Facendo l'esperienza si perfeziona ma non posso dire oggi quale sarà la correzione o, se volete, la migliore puntualizzazione della meta che farò tra un anno. Insieme all'obiettivo, che deve essere molto semplice, fondamentale, però, bisogna avere anche questa costanza cioè non perdersi di coraggio, perché a volte può essere che un'iniziativa sul momento raccoglie e poi c'è la famosa flessione.

Non scoraggiarsi anzi, in un certo senso, incoraggiare quelli che perseverano proprio cercando ancora di fare meglio, fare meglio perché possano gustare, poi il Signore manda. Dare troppi consigli mi sembrerebbe non necessario.

Sull'apostolato biblico: certo che è un'iniziativa molto importante. Qui direi una cosa: c'è un certo coordinamento a livello nazionale, sì, però, mi sembra che l'importante è favorire sempre una cosa, cioè che la Chiesa locale possa percepire un frutto, quindi fare in modo che questi progetti, queste idee si incarnino, si possano incarnare con frutto nella Chiesa locale.

Poi ecco che in queste iniziative, come può essere questo monastero, oltre che la Chiesa locale, possono raggiungere anche altri livelli, allora, in questo caso è importante l'autenticità del valore perché, poi, ognuno il valore lo incarna dentro il suo contesto.

Faccio un esempio. Nella mia scuola c'è questa scuola di

ebraico che, per grazia di Dio sto portando avanti da alcuni anni. Tante volte è venuto un Ebreo e si è trovato benissimo?! Molto bene! Non perché facessimo l'Ebraismo, ma facevamo le nostre cose, qualche volta lui è venuto alla Messa, ha partecipato così poi mi ha ringraziato perché ho invocato la benedizione con il testo di Numeri, che è per me la vera benedizione, quella in altre teologie camuffata in preghiera. Insomma ma mi ha ringraziato… Ma anche lui ha trovato.

Ecco io credo, se portiamo la Parola, certo io ho un modo di vivere la Parola che inevitabilmente anche un po' trasmetto, però la mia preoccupazione è di aiutare l'altro a scoprire la Parola.

Don Ludovico Maule

Dolorosamente mi sembra essere quello che fa i saldi finali, se posso ancora per una domanda perché sono già le cinque e mezzo e alle cinque e mezzo doveva iniziare la terza sessione e, visto che era in fondo, hanno portato i generi di conforto. Il Vescovo dice che c'è posto per due domande.

Don Enrico Feroci

Prima di tutto un ringraziamento a padre Giovanni per questa riflessione così bella, questo excursus sugli ultimi anni, ma la mia non è una domanda, in questo momento, è un ringraziamento, che vorrei dire pubblicamente nei riguardi del professore Federici soprattutto per un debito.

Quando ero ragazzo, credo che voi lo ricorderete, tutti lo ricordiamo, noi dicevamo la nostra fede, i punti centrali della nostra fede quali essi sono: *Unità e Trinità di Dio, Incarnazione, Passione e Morte di Nostro Signore Gesù Cristo*: la parola "Resurrezione" non esisteva nemmeno. Allora mi sembra che la scoperta prima, che ci ha fatto fare il professor Federici, è che la Resurrezione non è nemmeno un fatto, un miracolo dei grandi che cavalcano la realtà di Lui Figlio di Dio. Ma il fatto che Egli è "il Risorto" è la grande novità che ci ha aperto, direi così, un tempo nuovo, una nuova creazione. Pensiamo di lui che è il Primogenito dei risorti, quindi noi siamo risorti come lui.

Da qui deve ripartire tutto quanto il nostro discorso. Per me è stata una realtà ce, scoperta, mi ha veramente dato coraggio e mi ha permesso, anche, di essere così propositivo nelle Comunità dove sono stato, in maniera totalmente diversa. Ho visto proprio quando la gente rinasce e sente la bellezza di quello che Dio ci ha fatto in Cristo Gesù. Questo aspetto volevo testimoniarlo e ringraziare: il professore ci ha aperto questo spiraglio, ci ha consegnato questo pensiero, ci ha fatto capire quello che era il punto centrale e che avevamo dimenticato: Cristo Risorto, l'Uomo Nuovo, la Novità, il Primogenito della Nuova Creazione. E noi siamo con lui risorti.

Domanda

Io ho trovato estremamente interessante la sua relazione soprattutto il riferimento alla Resurrezione nella *Torah*, ma anche che la Resurrezione illumina la *Torah* e viceversa. Una cosa bellissima. È la prima volta che ho ascoltato una affermazione del genere. «*L'alleanza è nuova perché continua l'antica*» è stato detto prima. Allora vuol dire che Dio non ha mai revocato l'Antica Alleanza. Perché, allora, per secoli ce la siamo presa tanto con gli Ebrei?

Padre Giovanni Odasso c.r.s.

Intanto direi che la risposta più vera è che, quando a poco a poco si è perso il contatto con la Scrittura, allora è subentrata un'interpretazione che faceva vedere come Israele era stato infedele. Qui, io non l'ho citato per brevità, ma questo aspetto è stato toccato anche in alcuni documenti. Non bisogna ritenere le famose accuse dei Giudei come accuse eterne, cioè quando leggiamo: «*Tu sei un popolo di dura cervice*». Ah, Israele è un popolo di dura cervice?!

Ricordo, una volta, facevo lezione ma ero a Formia e citavo un testo così e uno studente mi disse: «*Ma tanto gli Ebrei sono di dura cervice!*». Lì m'è venuta una luce ed ebbi a rispondere: «*Io non posso prendere certe frasi dei Profeti per fare la teologia del Popolo Ebraico, come non posso prendere le prediche che il Papa fa il mercoledì delle Ceneri per fare la teologia dei Cristiani, della Chiesa!*».

È chiaro che il mercoledì delle Ceneri il Papa mi parla del peccato, ma questo deve essere interpretato; analogamente per Israele. Purtroppo, essendo venuta meno una certa familiarità con la Scrittura, questa è una spiegazione: ce ne sono altre ma per brevità, devo limitarmi. La spiegazione degli ultimi secoli è questa: essendo venuta meno la familiarità con la Scrittura, si sono, per così dire, fossilizzate certe parole, certe frasi che condannavano gli Ebrei, sia dell'Antico che del Nuovo Testamento. Queste affermazioni vennero viste quasi come un ritratto, una fotografia. Questo è l'Ebreo! Questa è la situazione di chi si chiude ma che si chiude può sempre di nuovo aprirsi.

Personalmente leggendo *Ger* 31 ho maturato questa idea. In Geremia si legge: «*Farò un'alleanza nuova e porrò la mia Torah nel vostro cuore, allora diventerò il vostro Dio. Voi sarete il mio Popolo.*». Ma questo «*Diventerò per voi Dio. Voi sarete, per me, popolo*» è la formula dell'alleanza. Allora mi chiedo qual è il frutto della Nuova Alleanza? Questa promessa che annuncia che Dio trasforma: Ezechiele dirà che Dio dà il cuore nuovo e lo Spirito nuovo. Qual è il frutto della promessa della Nuova Alleanza? La realizzazione piena dell'alleanza. Allora che l'alleanza è revocata? Anzi! Noi, mediante la fede in Cristo, possiamo vivere l'alleanza nel già e non ancora.

Posso dire una cosa associandomi alla testimonianza di mons. Enrico? Io chiedo: «*Secondo voi, Cristo è un Risorto o è il Risorto?*» E finora tutti mi hanno sempre risposto: «*È il Risorto*». In questa risposta mi sembra di cogliere, aldilà delle comprensioni, che è rimasto questo dato essenziale della fede, magari non capito, per cui poi si va a novene etc. Però, per fortuna, c'è la consapevolezza che è il Risorto, ecco. Questa consapevolezza è quella che, poi, ci fa sentire la bellezza di ciò che ha detto mons. Enrico e il professore, che con l'aiuto di Dio, con l'aiuto del Ministero dei nostri Vescovi, cerchiamo di comprendere e vivere.

Sezione III

—

Gli sviluppi del dialogo ecumenico tra Oriente e Occidente

Introduzione

Luigi Fioriti[1]

Signore Santo Vescovo Sotir, Signore Santo Vescovo di Velletri, Vincenzo, Santi Padri Presbiteri, Diaconi, fratelli, amici, discepoli di cotanto Maestro: Tommaso Federici. Questa sera, in base al tema, che è quello generale di questo convegno, ce n'è uno che vuole sottolineare la parte che stiamo per affrontare: gli sviluppi del dialogo ecumenico tra Oriente e Occidente.

Il professor Federici ci teneva moltissimo a questo rapporto. Per lui era stata una riscoperta che, da semplice conoscenza, era diventata parte integrante di se stesso. Io lo ricordo nei suoi discorsi, nelle sue lezioni ed anche nei momenti del canto in comune nella Chiesa di S. Atanasio; in quel ripetere, rivivere certi momenti, in quel sentire la passione del bello, in fondo anche questa nostra scelta rientra nella sua visione del bello, e nella tradizione orientale il bello è intimamente connesso alla verità e alla sapienzialità di Dio.

Non si può se non ammirarlo e da lì partire per un rendimento di grazie al Risorto nella luce dello Spirito, di quello della Pasqua, dello Spirito della gioia, dello Spirito della conoscenza. Quello stesso Spirito è l'elemento costitutivo della testimonianza del Risorto che è la Santa Chiesa, prima icona del suo Sposo Risorto.

Prendendo in prestito un adagio dalla fede ortodossa di San Giovanni Damasceno, partiamo da un elemento che per lui è fondamentale. Questo Santo Presbitero ci dice che siamo invitati, noi, alla Nuzialità di Cristo, attraverso l'esperienza del

---

[1] Diacono dell'Eparchia di Lungro

suo talamo di sposo, dove egli vive la sua esperienza con la sua sposa: la Chiesa, e che questa Chiesa partecipa ed è invitata alle meraviglie della salvezza che Lui ha compiuto.

Queste meraviglie che San Giovanni Crisostomo nelle Catechesi Battesimali, commentando il libro della Genesi,(parlavamo prima della Torah con il professor Odasso), afferma trattarsi dell'esperienza della Nuzialità che si attua nella conseguente confessione di tutta l'opera della Salvezza. Anzi dice che l'uomo ha un unico modo di rendere adeguate grazie a Dio, quello di rendergli grazie nella testimonianza della sua fede.

È il simbolo della fede, la confessione della fede, che porta a rendergli adeguata testimonianza perché ciò che lui ha fatto per noi diventa, un momento di rendimento di grazie. È questa la nostra esperienza nuziale dello Sposo, del Risorto. Ed ecco allora che, introducendo il tema dello sviluppo del dialogo ecumenico tra Oriente e Occidente, ci si confronta su questa comune fede, che viene da lì, che è un rendimento di grazie per questo prima della recita del simbolo di fede durante la Liturgia, il Diacono invita la Chiesa ad *amare per confessare*.

Ci sono due verbi che sono indissolubilmente legati in un'endiade, *agapisomen* e *omologhisomen*, con «*Amiamoci perché in omonia omologhisomen*» È proprio questa ricerca di *omonia* che ci porta a vivere la stessa esperienza di fede ma un *agapisomen*, cioè nell'amore perché se non siamo capaci di vivere quest'esperienza d'amore non possiamo confessare.

Alla ricerca di questa *omonia*, perciò accogliamo quest'esperienza che ci porta a ricevere nella Scrittura, in tutta la Scrittura, nella parola del Risorto, nella confessione del Risorto, quest'esperienzialità del vivere la Liturgia. Per noi, di matrice orientale, la Liturgia è tutto perché nella Liturgia contempliamo la Parola, viviamo la Parola, mangiamo, beviamo e siamo chiamati a vivere, poi, nel concreto della vita, la verità della Liturgia che abbiamo celebrato, che deve essere bella, che deve essere grande perché non è opera dell'uomo ma è opera di Dio: è una *teofania*.

È Lui che ci convoca. È Lui che convoca la nostra indegnità e, aprendoci con i doni del Suo Spirito, ci porta alla contemplazione e alla vita dello Spirito. Questa sera, attraverso la Parola del Padre Diacono Paolo Gionfriddo, abbiamo proprio un'esperienzialità che si dipana davanti a noi e che è l'eparchia di Piana degli Albanesi.

In primo luogo considereremo l'azione che ha prodotto in Italia la rivista *Oriente Cristiano*, che ha fatto conoscere l'Oriente alla maggior parte dei nostri connazionali. Qualche volta mi capita di sentire dire: «*Ma allora tu sei di Piana degli Albanesi?*» Rispondo: «*No. Io non sono di Piana degli Albanesi, appartengo all'altra eparchia ma, spesso e volentieri, l'Italia, in Piana degli Albanesi, identifica la realtà degli italo-albanesi o dei bizantini cattolici italiani.*»

Perché? Perché ha compiuto un grande lavoro attraverso la diffusione di tematiche, qualche volta ha pungolato la Chiesa italiana su tante tematiche care all'oriente, altre volte, l'ha istruita su tanti argomenti, ha fatto sentire un punto di vista importante, un punto di vista che, per ritornare al Vaticano II, ha trovato grande eco, anche all'interno del Concilio, ma che Piana degli Albanesi ha sperimentato già tempo prima. È stata un'eparchia che ha precorso i tempi.

Ecco che il Padre Diacono Paolo, con la sua esperienza, le sue scelte editoriali, le argomentazioni, le problematiche che ben conosce, potrà parlarci di quest'esperienza dell'eparchia di Piana, proprio in questo contesto. Accanto alla sua relazione, si doveva tenere anche un'altra dell'Archimandrita Ignazio

Sotiriadis con un angolo privilegiato: stando presso la Comunità Europea come rappresentante del Santo Sinodo della Chiesa di Grecia, poteva offrirci un po' la testimonianza dell'ortodossia, specialmente greca, ma non solo, presso la Comunità Europea.

Mi ha mandato uno scritto in cui si scusava perché è stato chiamato a dare una mano al suo Metropolita. È di Ekaterini quindi nella zona centro-nord della Grecia, e per avere quest'incarico, doveva incontrarsi con il Santo Sinodo ad Atene. Questo gli ha reso impossibile la venuta in mezzo a noi; lo avrebbe fatto molto volentieri perché sarebbe stato un modo per rivedere tanti amici e di raccontarci, ovviamente, l'esperienza che sta vivendo in Belgio e di conoscere, anche, un po' la *Megàli Hellàda* a cui è molto affezionato e la Puglia è anche questa Grande Grecia, nel sua essenza e nella sua storia. Ecco, allora, al Padre Diacono Paolo Gionfriddo il compito di sintetizzare l'Oriente, secondo i suoi schemi, almeno nell'esperienza della vita di Piana degli Albanesi.

Non dobbiamo dimenticare che, nella tradizione orientale, il Vescovo sceglie un teologo che sia il teologo della propria Chiesa, che faccia un po' la sintesi di quello che è il lavoro nella sua comunità e il Vescovo Sotir Ferrara aveva scelto Tommaso Federici come il teologo dell'eparchia e quanto bene ha fatto e quanti segni ha lasciato, in questo senso, non solo a beneficio dell'eparchia sicula ma anche di quella Lungro e di tutta l'Italia.

Grazie.

Gli sviluppi del dialogo ecumenico tra Oriente e Occidente
—
Paolo Gionfriddo[2]

E ancora da Diacono a Diacono rendiamo grazie alla Divina unica indivisibile Trinità, al Padre e al Figlio e allo Spirito Santo, ora e per tutti i secoli Amen perché, anche, lo facciamo in memoria del Maestro Tommaso che ci ha detto così di iniziare le nostre assemblee.

Sono onorato, siamo onorati, comunque, di far memoria del professore e, in particolare, io, per questo momento, durante il quale faccio diversi riferimenti al professore, alla sua opera, da noi editata, infatti, facendo riferimento alla nostra rivista *Oriente Cristiano*, della quale tratterò ma così, tra le righe, noi abbiamo editato gli Studi 8 dei Quaderni di Oriente Cristiano, pubblicando *Resuscitò Cristo*, questo ponderoso volume sul commento ai testi liturgici, biblici e liturgici, della nostra Liturgia bizantina.

Dividerò questa mia comunicazione essenzialmente in due parti. Una prima parte per dare contezza di, in qualche modo, come si orienta, in questo momento, non tanto nella storia passata che, comunque, si può rilevare da diversi documenti, anche su internet, ormai in maniera facile e, anche, dal sito del Pontificio Consiglio per l'Unità dei Cristiani ma, piuttosto, per dire a che punto siamo nello sviluppo attuale del dialogo ecumenico cattolico ortodosso. È questa la prima parte.

La seconda parte, invece, ma più breve, sarà, comunque, un precipuo riferimento a, in qualche modo, quella che io mi sembra di definire l'Ecumenismo già realizzato ovvero l'Unità realizzata nel pensiero del professore. Prendendo spunto da

---

[2] Diacono di Piana degli Albanesi, Direttore Oriente Cristiano

qualche brano dei suoi scritti o, comunque, da qualche sua impostazione teologica e così via.

Il metodo della Commissione Cattolica Ortodossa che porta avanti, da decenni, il dialogo ufficiale tra la Chiesa Cattolica e l'insieme delle Chiese Ortodosse, il metodo, molto concretamente, si delinea su una serie di incontri e riunioni che i rappresentanti delle due Chiese svolgono a livello di Commissione Mista Internazionale ma alla quale si addiviene attraverso delle strutture di mediazione intermedie, proprio.

Sono le Sotto Commissioni, è il Comitato di Coordinamento e così si addiviene, poi, alle Sessioni Plenarie in cui si approvano gli eventuali documenti comuni. Questo è il metodo, diciamo, così, spicciolo attraverso cui si muove la Commissione Internazionale. È composta dall'insieme delle Chiese Ortodosse e, comunque, è composta dalle 14, dai Rappresentanti delle 14 Chiese Ortodosse e, comunque, da specialisti che si ritiene facciano parte della Commissione, da parte ortodossa e, altrettanto, da un pari numero, da specialisti eletti e nominati tra coloro che si intendono della questione teologico-ecumenica della Chiesa Cattolica quindi, in qualche modo, è una Commissione paritetica.

Tre tipi di dialogo abbiamo nella, diciamo, nell'insieme dei Lavori. Denominiamo il dialogo in tre direzioni: il dialogo della Carità, questo è il più facile, il più sicuro, il più fondamentalmente cristiano perché questo c'è, ci dev'essere, continuerà ad esserci e anche quando si addivenga alla piena unità tra Cattolici e Ortodossi, continuerà ancora ad esserci, il dialogo della Carità, il dialogo dell'Amore e della Carità.

All'interno di questo dialogo della Carità voglio individuare anche una buona disposizione, specialmente da parte della Chiesa Cattolica, quella che, mi sembra di definire, il dialogo di una ragionevole accondiscendenza specialmente, dico, da parte cattolica.

L'altro tipo di dialogo, evidentemente, è quello di carattere teologico e accennavo, stamattina, di carattere teologico-ecclesiologico perché si è arrivati a un punto del dialogo, con gli Ortodossi, in cui c'entra fondamentalmente il problema ecclesiologico. Però le difficoltà stanno oltre che da un punto di vista teologico, dal metodo con cui si affronta tale punto di vista teologico e, quindi, direi anche qui di accennare, lo faccio, al dialogo sulla metodologia.

Anche qui un dialogo perché l'ortodosso la pensa in un modo e il cattolico la pensa in altro modo e sotto punti di vista, su partenze di base diverse per cui ci si intende o non ci si intende.

Evidentemente il dialogo della carità è il primo punto. Si tratta di scambi che vengono attuati, ecco, scambi di delegazioni, visite fraterne e di collaborazione in diverse campi, specialmente, appunto, su campi comuni della carità, dei servizi scambievoli tra l'una e l'altra Chiesa, delle partecipazioni, anche, liturgiche, fin tanto che è possibile, dei contatti epistolari ma non si tratta, dice Andrea palmieri, il nuovo Sottosegretario del Pontificio Consiglio, nominato da pochissimo, del Pontificio Consiglio per l'Unità dei Cristiani, diciamo il successore di Padre Eleuterio Fortino, non si tratta di un galateo ecumenico, ecco, l'insieme di questi rapporti nella carità ma si tratta di far maturare una interiorità, presso i singoli elementi delle Chiese e presso l'insieme delle stesse Chiese.

Far maturare, attraverso questi contatti della Carità, far maturare un senso di interiorità e di desiderio alla piena realizzazione dell'Unità. Secondo punto, accenno, il dialogo teologico. Qui siamo in una fase un po', attualmente, certamente, più complessa. Cito degli avvenimenti, cito delle date. A Ravenna nel 2007 si cominciò a parlare del punto cruciale della divisione tra Cattolici e Ortodossi: il primato del Papa che poi si conclude in una questione di carattere ecclesiologico.

Ebbene a Ravenna nel 2007 si approva e si pubblica il documento dal titolo *Le conseguenze ecclesiologiche e canoniche della natura sacramentale della Chiesa: Comunione ecclesiale, Conciliarità e Autorità*. Direi conciliarità e autorità che addivengono o attraverso le quali si addiviene alla comunione ecclesiale e alla piena comunione tra le Chiese. Però c'è la questione proprio della conciliarità se l'insieme della conciliarità che dà autorità alla Chiesa o l'autorità della Chiesa insieme all'autorità in sé, il Papa, insomma, insieme alla conciliarità può essere in grado di dare, di esprimere la piena comunione della Chiesa. Vedete? Sono piccole, piccoli punti di vista che, comunque, fanno sorgere delle difficoltà o la principale difficoltà.

A Ravenna nel 2007 si riunisce un Comitato misto di coordinamento che nel 2008 conduce a una riunione più ampia, della Sessione Plenaria, nel 2009 a Cipro, ecco, a volte le Sessioni Plenarie sono ospitate da qualche Chiesa Ortodossa, a volte da qualche Chiesa Cattolica. Ebbene, a Cipro, nel 2009, si parla in maniera molto specifica del ruolo del Vescovo di Roma nella Comunione della Chiesa nel Primo Millennio perché si ritiene, giustamente, di voler cominciare su questo tema il dialogo partendo da quando la Chiesa era pienamente in comunione.

Il Primo Millennio. Allora studiamo come, nel Primo Millennio, era in comunione, ecco. Adesso vediamo il prosieguo. Di fatto, poi, il documento addiviene alla considerazione, ala riflessione della Sessione Plenaria di Vienna, nel 2010 durante la quale passa alla vita dei viventi Padre Eleuterio Fortini, nel settembre 2010. Ebbene il ruolo del Vescovo di Roma nella comunione della Chiesa.

Qui non si può facilmente addivenire, dopo diversi giorni di discussione, non si può addivenire a un documento comune che si poteva, eventualmente, approvare perché si comincia a parlare, ecco, di questa questione del primato, nel Primo Millennio, attraverso quello che il Comitato Misto di Coordinamento aveva redatto precedentemente, una bozza di documento, che aveva seguito una metodologia prevalentemente storica e prendeva in considerazione una serie di eventi e di fonti patristiche e canoniche che mostravano che, nel periodo in oggetto, quindi nel Primo Millennio, la Chiesa di Roma aveva un posto distinto tra le Chiese e aveva esercitato una particolare influenza in materia dottrinale, disciplinare e liturgica.

Il "prevalentemente storico" ha fatto qualche difficoltà sebbene, comunque, quando ho riferito, prima, il documento di Ravenna del 2007 da cui parte tutta la discussione, sebbene lì Cattolici e Ortodossi, nel documento su *Le conseguenze ecclesiologiche e canoniche sulla natura sacramentale della Chiesa*, avevano affermato insieme, per la prima volta, nel 2007, per la prima volta avevano affermato la necessità di un primato a livello di Chiesa Universale e concordavano sul fatto che questo primato spettava alla sede di Roma e al suo Vescovo mentre riconoscevano, ancora aperta la questione relativa al modo di comprendere e all'esercizio di questo primato nonché ai fondamenti scritturistici e teologici.

Sull'esercizio del primato vediamo che, poi, Giovanni Paolo II ne fa preciso riferimento nell'*Ut unum sint* o, comunque, è uno sviluppo notevole da sottolineare l'esercizio del primato. Sì primato ma vediamo come si deve esercitare. Il Papa stesso lo chiede alla Chiesa, direi, ecco, o, comunque, ai membri della Chiesa che più possono dare il contributo in questo senso di specialisti e così via o, comunque, alla Chiesa nel suo insieme, rappresentata dai Vescovi.

Ebbene non si arriva, comunque, sebbene ci siano state queste approvazioni cattoliche e ortodosse, non si arriva, comunque, a Vienna, a una conclusione sul fatto ecclesiologico e pienamente ad approvare il documento. Alcuni membri ortodossi, di fatto, consideravano il testo sbilanciato verso la posizione cattolica in quanto privo di riferimenti all'altre grandi sedi ecclesiastiche della Chiesa antica e al loro ruolo nei Concili Ecumenici. Gli Ortodossi sono molto legati al Primo Millennio.

Del Primo Millennio si trattava quindi legati ai primi sette Concili e, allora, dice: «*Eh bé ma avete parlato troppo di Chiesa Cattolica! Non si è fatto riferimento alle altre sedi autorevoli sedi, della Chiesa che esistevano nel Primo Millennio, e che avevano i loro rappresentanti, i loro Vescovi, i loro rappresentanti vari ai primi sette Concili in cui la Chiesa era una.*»

La Delegazione Cattolica, qui, esprime una ragionevole, dico, come avevo accennato, accondiscendenza nell'accettare la proposta di considerare il testo come uno strumento di lavoro da utilizzare per le successive tappe del dialogo, una piena, ecco, accettazione da parte dei Cattolici verso la disponibilità al dialogo, piena disponibilità nella Carità.

Facendo seguito a queste decisioni una Sotto Commissione mista si è riunita dal 13 al 17 giugno 2011 a Retimnon, a Creta, su invito del Metropolita Ortodosso del luogo Eugenios. Alla riunione, presieduta dal Cardinale, che abbiamo ringraziato, Kurt Koch, Presidente del Pontificio Consiglio per la Promozione dell'Unità dei Cristiani e dal Metropolita di Pergamo Johannes Ziziulas, del Patriarcato Ecumenico, ecco erano in due Co-Presidenti, erano presenti sei rappresentanti cattolici, non nella Sessione Plenaria, ma una Sotto Commissione, sei rappresentanti cattolici e quattro ortodossi, provenienti da diverse Chiese autocefale ortodosse: dal Patriarcato Ecumenico, il Patriarcato di Mosca, notevoli, il Patriarcato di Serbia e Chiesa di Cipro.

All'inizio dell'incontro un Cattolico e un Ortodosso hanno presentato tesi che esprimevano il loro rispettivo punto di vista sul tema del rapporto teologico ed ecclesiologico tra primato e sinodalità. Stamattina si accennava. Di fatto, però, i due testi seguivano una differente metodologia, ecco. Il dialogo sulla metodologia. Quello cattolico facendo ampio riferimento alla storia della teologia presentava la dottrina cattolica del primato nel quadro dell'ecclesiologia eucaristica.

Lo capiremo fra poco citando le parole di Benedetto XVI. Quindi ecclesiologia eucaristica, ecclesiologia di comunione. Il punto di vista ortodosso, invece, partendo da un approccio sistematico, speculativo, del Mistero Trinitario, Cristologico ed Eucaristico, anche, si proponeva di spiegare la necessità di un primato a livello universale, da esercitare nel contesto della Sinodalità.

Gli Ortodossi più verso la sinodalità, ecco, spiegare il primato in questo senso, i Cattolici più verso la comunionalità. Siamo nei temi teologici specifici. Si rivelava, pertanto, particolarmente ardua l'impresa di preparare un testo comune condiviso. Infatti si è rimasti un po' così di fatto si è ancora, diciamo, un po' così.

Benedetto XVI, notevolmente, interviene nel discorso pronunciato davanti ai membri della Delegazione del Patriarcato Ecumenico in visita a Roma per la festa dei SS. Pietro e Paolo, quando c'è lo scambio reciproco delle visite. Gli Ortodossi vengono per San Pietro e Paolo, i Cattolici vanno a Costantinopoli per Sant'Andrea. Ebbene Benedetto

XVI, nell'occasione del giugno 2011, dice: «*Seguiamo con grande attenzione il lavoro della Commissione Mista per il Dialogo Teologico*», lui stesso, Cardinale Ratzinger, faceva parte della Commissione Mista, a suo tempo «*seguiamo con grande interesse per il dialogo teologico tra la Chiesa Cattolica e la Chiesa Ortodossa nel suo insieme. A uno sguardo puramente umano, si potrebbe essere presi dall'impressione*» questo il Papa ancora «*dall'impressione che il dialogo teologico fatichi a procedere. In realtà il ritmo del dialogo è legato alla complessità dei temi in discussione che esigono uno straordinario impegno di studio, di riflessione e di apertura reciproca. Siamo chiamati a continuare insieme nella Carità questo cammino*» ecco il dialogo della Carità. È il più sicuro «*invocando dallo Spirito Santo luce e ispirazione nella certezza che Egli vuole condurci al pieno compimento della volontà di Cristo che tutti siano un po'.*»

Da parte sua il Patriarca Ecumenico Bartolomeo I, rivolgendosi alla Delegazione che il 30 Novembre del 2011 si reca a Costantinopoli afferma: «*Il lavoro di questa Commissione è lungi dall'essere semplice poiché i problemi che si sono accumulati nel corso di molti secoli*» fin qui sottolinea una grossa importanza «*i problemi maggiori vengono fuori da mille anni di divisione cioè anche se noi poi vogliamo un po' ecco riflettere*» dice «*ma, insomma, veramente abbiamo tutti i Sacramenti, ma abbiamo tante cose insieme, ma soltanto il primato, soltanto il fatto ecclesiologico ma sono mille anni di divisione attenzione questo incide psicologicamente e incide storicamente. Si sono accumulati, nel corso di molti secoli, in seguito al reciproco estraniamento e, talvolta, alla disputa tra le due Chiese ed esigono uno studio e una riflessione attenta. Tuttavia, con la guida del Consolatore, con buona volontà da entrambe le parti, e il riconoscimento del nostro dovere dinanzi al Signore e agli uomini, si arriverà agli esiti auspicati quando il Padrone della Vigna lo riterrà opportuno.*»

Il Patriarca riprende le parole del Papa. Nella rivista Oriente Cristiano, continuando in questa breve riflessione, del

2009 abbiamo pubblicato un articolo di Padre Fortino, di venerata memoria, che io, sorridendo, dico ha dato una, lui diplomatico com'era o, comunque, abituato bene al dialogo ecumenico e dalla grande esperienza, ha dato un titolo che è questo: *Il dialogo cattolico ortodosso progredisce a passo lento sulla via giusta*.

A passo lento sulla via giusta. Interessante, no? Ebbene lui cita, con più precisione, ancora la Parola del Papa e però in un messaggio precedente di Sant'Andrea del 2009. Il Papa Benedetto XVI ha preso l'occasione per fare presenti alcuni elementi del pensiero della Chiesa Cattolica sul tema che sta affrontando il dialogo. Egli ha scritto, ecco, Padre Fortino cita il Papa e dice: «*La Chiesa Cattolica comprende il Ministero Petrino come un dono del Signore alla sua Chiesa. Questo Ministero non deve essere interpretato in una prospettiva di potere*» importante «*bensì nell'ambito di un'ecclesiologia di comunione, quella a cui facciamo riferimento, come servizio all'unità nella verità e nella carità.*»

Come servizio all'unità nella verità e nella carità. Ma sono, comunque, temi che già il Concilio Vaticano II aveva sottolineato: «*Il Vescovo della Chiesa di Roma, la quale presiede nella carità*» dice. Sant'Ignazio di Antiochia «*è inteso come il servo servorum dei*» San Gregorio Magno, e aggiunge una considerazione sulla ricerca comune, il Papa e quindi «*come scrisse il mio venerato predecessore*» dice Benedetto XVI «*il servo di Dio Giovanni Paolo II, e come ho ripetuto in occasione della mia visita nel novembre 2006, a Costantinopoli* (quando il Papa fece visita al Patriarca) *si tratta di cercare insieme! Attenzione in questo* (cercare insieme) *cercare insieme lasciandoci ispirare dal modello del Primo Millennio le forme nelle quali il Ministero del Vescovo di Roma possa realizzare un servizio di amore riconosciuto da tutti.*»

Questo l'abbiamo detto, ecco. Le forme, l'esercizio del primato, ecco, questo servizio di amore riconosciuto da tutti ma per essere riconosciuto da tutti bisogna cercare insieme. Qualche bravo teologo ecumenista diceva, in qualche momento «*Bisognerebbe riscrivere una storia insieme*» Sono mille anni di storia di divisione. Ora bisognerebbe riscrivere una storia insieme però bisognerebbe riscriverla non da parte cattolica soltanto o da parte ortodossa ma insieme. Allora cercare insieme.

Quindi mi pare chiaro che l'orientamento è la situazione attuale a cui si è giunti nel dialogo ufficiale cattolico ortodosso e, dunque, tra Oriente e Occidente. Mentre quest'altra parte che avevo pensato e che farà riferimento a *Resuscitò Cristo*, mi fa considerare come già il caro prof, in qualche modo, ovvero per dire la sua esperienza teologica, biblica e così via, attraverso la Bibbia, attraverso il dato biblico, attraverso il dato liturgico, attraverso il dato biblico e ontologico nel commento delle Feste dei Santi, adesso farò qualche riferimento, citando, lui parla del fatto di un'unità realizzata, di un'unità esistente, anche se non è di fatto esistente. Intanto è importante citare, innanzitutto, una idea di pienezza ecumenica della vita cristiana, una pienezza dell'unità, una pienezza ecumenica voluta per questo volume, per questa realizzazione, per quest'opera.

Infatti, nella presentazione il nostro Vescovo Sotir dice: «*L'opera era destinata da noi, era desiderata da noi perché viene a colmare validamente, come pensiamo, una lacuna assai lamentata nel campo della riflessione preparatoria all'Omelia*» Riflessione all'Omelia «*della programmazione della mistagogia*» Attenzione! Programmazione della mistagogia! La mistagogia preparata «*e della stessa lettura divina*» (la *Lectio Divina*) «*della Parola di Dio che vi si può condurre giornalmente*» e nell'introduzione questa frase ho voluto riprendere del nostro Vescovo Sotir perché se parliamo di Omelia, di mistagogia, di *Lectio Divina* da poter, giornalmente, o, comunque, nelle feste, la Domenica, innanzitutto, di poter di fatto attuare, questa è pienezza di unità, questa è ecumenicità piena, questa è pienezza di ecumenicità e di unità nella vita cristiana, no?

Nella vita cristiana in cui c'è la Parola, la Parola che viene mistagocizzata perché ben preparata da una riflessione precedente ed è nella Parola che viene nominata nella stessa lectio Divina. Questa è vita cristiana di unità. Ancora nella Lettera di beneplacito che ha voluto inviare, cui si faceva riferimento, il Cardinal Martini, ancora di venerata memoria, a proposito di quest'opera, lui dice: «*Questo lavoro è in grado, senz'altro, di favorire quella comunione*». Parla di comunione, è importante.

Non solo dell'unità, portare all'Unità. Sapientemente il Cardinal Martini dice: «*Favorisce la Comunione tra Cristianesimo Occidentale e Cristianesimo Orientale*» e finalmente, ancora un'altra approvazione dallo stesso patriarca Ecumenico, che ha dato la sua approvazione nella lettera che viene presentata nelle prime pagine, tradotta, e lui dice che «*L'opera contribuisce alla promozione della conoscenza e della reciproca stima ed amore tra le nostre Chiese*». Conoscenza perché c'è bisogno di riconoscersi dopo mille anni di divisione e di stimarsi reciprocamene un po' si più.

Quindi questi sono segni di comunione nella vita cristiana, il Vescovo Sotir, di comunione tra e due Chiese, il Cardinale Martini, di pieno amore e riconoscersi fratelli nell'amore cristiano del Patriarca Ecumenico Bartolomeo. Quasi, per finire, debbo citare i segni di unità, che mi è sembrato di rilevare, dal testo di *Resuscitò Cristo* di Tommaso Federici quando parla dal punto di vista, proprio, di una unità, un'ecumenicità perché, poi, Ecumenismo bisogna intenderlo nel senso della comunione, anche, specialmente qui nel senso della comunione.

Ecumene tutta la terra abitata. *Ecumene* è nel senso di cattolicità, di universalità, di pienezza della Chiesa Cristiana, no? Allora è interessante come ad un certo punto, in una delle note perché in questo testo poi ha tradotto le note: la nota sulla Resurrezione, la nota su questo tema, su quest'altro tema, la nota sul vino la nota sul fuoco della Pentecoste. Eccezionale.

Queste note sono veramente degli inserti molto significativi o, comunque, ricchi di contenuto. «*A proposito del ricapitolatore universale. Il grande testo paolino*» dice Federici, scrive «*di Efesini 1,10 mostra come Cristo Risorto opera la ricapitolazione (*anakefalaió, *parola greca) dell'universalità dell'esistente quindi ricapitolazione dell'universalità dell'esistente. Egli, quale* kefalì, *testa e capo, dona esistenza, Cristo, esistenza e ordine e vita a tutta la realtà creata.*» Esistenza, ordine, nell'ordine non vediamo l'unità.

Nell'ordine vediamo l'equilibrio, no? «*Ordine e vita a tutta la realtà creata che, prima a causa del peccato era diminuita, dispersa, destinata alla morte. Il Primate Sovrano*» Cristo sempre, no? «*perciò è direttamente, e personalmente e volontariamente la testa divina di un corpo prima di ...*» Vabbé il riferimento è chiaro che è a Efesini «*testa divina di un corpo prima dismembrato e anarchico e moribondo*». I termini Federiciani «*dismembrato, anarchico, moribondo, adesso compatto e vivente.*»

Per cui vedete con quali termini tratta questa *anakefaleos*, *anakefaleos* della ricapitolazione in Cristo di tutta la vita e dell'equilibrio della vita. Questo, in Cristo, evidentemente, in Cristo Risorto, in Cristo che riporta tutto all'ordine. Altro testo di riferimento precipuamente biblico è nella Nota sul Vino. Nella Nota sul Vino parla di convitto messianico, no? per la stabilità e poi anche è nelle Nozze di Cana che si può parlare del significato del vino in quanto, così come i Padri dicono, in quanto simbolo, nel Miracolo, della divinizzazione.

Allora Federici parla del vino, del convito messianico, dell'abbondanza. Il vino diventa così anche il segno preminente e indispensabile dei tempi messianici e del convito messianico che vi si terrà. «*Già in un testo dell'ottavo secolo a.C. il Profeta preannuncia la beatificante visione messianica. Allora il Signore restaurerà l'abbattuta Casa di Davide e ad essa conferirà, finalmente, il promesso dominio salvifico sulle Nazioni. Amos. Allora i monti stessi distilleranno in abbondanza il mosto gustoso ed esso scorrerà dai colli*».

Il mosto gustoso. Vedete? Il vino segno di stabilità e di abbondanza nella prospettiva proprio messianica e nella prospettiva della piena unità, evidentemente. Anche nelle Nozze di Cana la trasformazione dell'acqua in vino, evidentemente, non si può intendere soltanto così, un miracolo sarebbe troppo semplicistico.

Bisogna intenderlo nel senso simbolico e la trasformazione da una realtà umana a una realtà divina, le Nozze di Cana vanno comprese nella simbologia divinizzante, ecco, nel passaggio dall'umano al divino attraverso il Risorto e attraverso il cambiamento che avviene dall'acqua al vino, dall'umano al divino per tutta l'umanità. Interessante è anche la Nota, per finire, la Nota sul Fuoco, no? Bellissimo, questo, da un punto di vista liturgico perché fa riferimento particolare alla nostra tradizione.

Vedete qui come l'unità dello Spirito, del Santo Spirito, viene richiamata. È una costante orientale, del resto, non sconosciuta dalla Liturgia Romana, che i Divini Misteri siano avvolti tra gli altri simbolismi anche da quello del fuoco quindi anche nella Liturgia Romana, Ma, in particolare, si deve richiamare l'epiclesi consacratoria della Liturgia Bizantina che sfocia nel gesto simbolico dello zéon, sarebbe dell'acqua calda che viene versata sulla coppa consacrata prima della comunione a significare forza della fede pienezza dello Spirito Santo.

Acqua calda, quindi, in qualche modo, è il sangue di Cristo bollente perché il sangue è caldo, non è freddo, il sangue di Cristo bollente che noi riceviamo caldo nel nostro corpo, ricevendo la Divina Eucaristia. Allora il gesto simbolico dello zéon che deriva, in linea diretta, da *Romani 12, 11*, ecco, perché si fa riferimento ai «*brucianti di Spirito*» citato più volte.

Lo Spirito Santo, invocato, desiderato, inviato dal Padre mediante il Figlio, si manifesta, simbolicamente, come presenza di fuoco nel sacrificio offerto, ecco. «*In aroma soave, spirituale*» San Giovanni Crisostomo nell'anafora ossia ripieno di Spirito Santo. Vedete come ancora un segno di unità viene realizzato dal Federici nel suo inserto sul fuoco della Pentecoste.

Per finire non possiamo non citare quello che Federici, nelle prime righe del *Commento alla Festa degli Apostoli Pietro e Paolo* dice quindi si trae spunto dall'ontologia, dalla Festa dei Santi, ecco, da una festa principale, evidentemente festa dell'Oriente e dell'Occidente, di tutta la Chiesa, per dare un significato pienamente ecumenico alla realtà della Santità di cui viene fatta memoria. «*Infatti i due confratelli, Pietro e Paolo, oggi sono oggetto di venerazione* 'ecumenica'» da parte di tutte le Chiese della tradizione "cattolica". Tradizione cattolica, ovviamente, non è quella cattolica soltanto della tradizione piena universale «*ossia anche se infelicemente e gravemente separate tra esse, quelle che hanno gelosamente conservata la successione apostolica ossia l'episcopato e il sacerdozio e il diaconato ed hanno mantenuto integro l'incidibile complesso dei Misteri. Tutte queste professano che la loro fede è dono di Cristo Signore nel senso vivo però che la fede discende fino ad esse attraverso Pietro e Paolo con gli altri Apostoli*» la pienezza dell'apostolicità «*e che la loro stessa esistenza nel mondo dipende dalla loro fondazione divina, apostolica*» quindi l'unità, ecco, degli Apostoli, del Collegio Apostolico rappresentata nei Corifei, nei primi degli Apostoli Pietro e Paolo e quindi dalle, anche, dalle Chiese d'Oriente e d'Occidente.

Tra gli Apostoli c'è anche Andrea, ecco, di Costantinopoli, ecco questa pienezza, proprio, viene, comunque, manifestata nella Festa, aggancio ontologico alla comunità ancora una volta realizzata nel testo del professore diremmo alla fine, anche, che c'è una unità, mi si disse di allungare un po' ma già ho concluso.

Diremmo alla fine che c'è anche un'unità nell'aver posizionato le icone. Le icone sono posizionate secondo una delle strutture ben precise che richiamano l'Anno Liturgico, perché si comincia dalla morte, sì, dietro, si comincia dalla Resurrezione, ecco, e, quindi, dalla Morte e Resurrezione, si comincia dalla Pasqua, nella posizione delle icone, rappresentate in questo volume, e però, poi, si continua secondo il dispiegarsi delle Feste dell'Anno Ecclesiastico che cominciano, l'Anno Ecclesiastico, anche se bizantino, comincia il primo settembre e, allora, nel susseguirsi delle diverse feste dell'Anno Ecclesiastico così sono ordinate le icone, tutte riprese comunque dalla nostra tradizione, dal nostro patrimonio iconografico esistente nella Parrocchia di Piana degli Albanesi.

È proprio in questo senso ancora una volta ringraziamo il prof di averci dato anche l'immagine, proprio, l'immagine iconologica dell'unità della Chiesa che si dispiega nell'andamento dell'Anno Liturgico, dell'Anno della Chiesa e che per noi viene continuamente, ogni anno, sempre, fino alla parossia, celebrato.

Conclusioni

—

Luigi Fioriti

Dopo aver ringraziato il professor Paolo Gionfriddo della relazione, apriamo, non so con quanto tempo a disposizione perché la celebrazione mi sembra sia fissata alle 19.30; quindi abbiamo una ventina di minuti, più o meno comodi, per poter intervenire su quanto ha detto. Mi sembra che la parte dei contatti ufficiali tra la Chiesa Cattolica e la Chiesa Ortodossa, almeno nella cronologia che è stata presentata, offra un quadro dell'esatto andare avanti.

Se ci fermiamo è per ripensare questa fede che la Storia offre. Ovviamente, è Dio che la scrive ma si serve di uomini qualche volta ci sono uomini di grande levatura e qualche volta questa parte è un po' più scarsa. Questa è la storia del nostro metterci insieme per l'omonia, stare in armonia per trovare l'unica confessione della fede. Apriamo il dibattito perché, poi, esamineremo una seconda parte più federiciana di quanto questa sera abbiamo esposto, quella che ci viene dall'opera poderosa del volume *Risuscitò Cristo*.

Io ricordo che, alla presenza del maestro, lo presentammo in una parrocchia romana: c'era presente, anche, quell'anima candida e sapiente del Vescovo Vincenzo Apicella che sentì un eminente Principe (non della Chiesa!), ma della nobiltà nera romana, una volta visto il libro, dire: «*Che mattone!*» Da autentico "birichino" riprese il tema, poi, nel suo intervento: «*Ecco, Principe, Lei ha detto che mattone*» questo povero Principe, quella sera, fece la sua grande e bella figura.

Quest'opera, presente il professore Federici, quella sera, fu presentata nella sua pienezza, con vari interventi e mi pare di sentire ancora il suo commento a Tizio, Caio e Sempronio che erano intervenuti nel dibattito ed era qualcosa di spassosissimo perché con tanta teologia, con tanta sapienza si arrivava a quelle sintesi che solo lui era capace di fare tra l'ironico e il sornione.

Anche questo fa parte del Mistero Pasquale, in fondo, la gioia della Pasqua è anche quella che ci rivela Figli di Dio pur con un pizzico di arguzia. Anche i Padri hanno dimostrato di avere queste doti.

Bene apro il dibattito. Se qualcuno vuole intervenire?

Dibattito

Efrem

Il Diacono Paolo ha parlato di carità, della condiscendenza, da parte cattolica. Mi domando se la condiscendenza che ovviamente c'è—pensiamo alla questione del *Filioque*—sia dovuta anche alla diversa impostazione teologica.

Noi siamo più razionali, più critici, rispetto alle nostre stesse fonti, a differenza degli Ortodossi, che mi sembrano un po' più attaccati alla tradizione, agli elementi traditi, un modo di dire della fede, e, se vogliamo, anche, in parte, alla nostra maggiore forza, compattezza.

Per noi, grazie al primato petrino, così come è stato esercitato nel secondo millennio, il problema dell'autorità è stato risolto benissimo. Gli Ortodossi hanno un problema di autorità che gli impedisce, qualche volta, la stessa modalità.

In secondo luogo c'è un problema di metodologia teologica che dev'essere affrontato anche per vedere bene quale sia la nostra condiscendenza. Il problema del *Filioque*, nella relazione, non è stato minimamente affrontato però è un punto delicato, dolente, perché da lì passano, ad esempio, alcuni abusi nel rinnovamento del Battesimo.

Paolo Gionfriddo

Questo del *Filioque*?

Efrem

Sì.

Paolo Gionfriddo

Non l'ho capita.

Efrem

Noi diciamo che, per l'inserimento nel Credo, lo Spirito Santo, il quale è Signore e dà la vita, procede dal Padre e dal Figlio; l'Ortodossia ritiene che questo *"e dal Figlio"* non esprime la vera fede, e su questo punto ritengono l'urgenza di dover amministrare nuovamente il Battesimo.

Paolo Gionfriddo

Siamo tra Cristiani, quindi, la cosa non dovrebbe esistere nemmeno, perché nel dialogo ad esempio interreligioso, a proposito di Musulmani, faccio un accostamento, si parla del fatto che se, da parte nostra, c'è condiscendenza, da parte loro non c'è, di fatto tante volte è così, e, allora, si parla di un tipo di reciprocità che potrebbe esistere.

Fra cristiani è diverso ma anche nel dialogo interreligioso la reciprocità deve essere guidata dall'amore per cui l'amore cristiano supera la reciprocità e, quindi, amore cristiano è gratuito, è libero. Questo nel dialogo dovrebbe far superare la reciprocità.

Che ci sia, comunque, un'apertura, uno sviluppo di carattere ecumenico, dopo mille anni, specie negli ultimi decenni, a partire dal Concilio, questo è una realtà innegabile.

La Chiesa Cattolica è più condiscendente perché ha avuto

uno sviluppo di maggiore apertura.

La Chiesa ortodossa ha avuto altre condizioni. Noi non dimentichiamo, ad esempio per la Grecia in particolare, ma anche per le altre realtà ortodosse, che lì si è avuto uno sviluppo del tutto positivo, come anche per noi occidentali, provati dal Razionalismo, dall'Illuminismo.

I Greci non hanno avuto illuminismo, ma la turcocrazia. Quando noi avevamo l'Illuminismo, loro avevano i Turchi restando così legati, attraverso il loro principi fondamentali, al primo millennio e, grazie a questo, hanno conservato una tradizione molto legata alle origini. Noi abbiamo avuto uno sviluppo razionale diverso e, allora, tutte le condizioni storiche hanno influito e influiscono in questo dialogo.

Sono mille anni di divisione in cui sono esistiti tanti momenti di sviluppo storico, culturale diverso. Anche per la questione del *Filioque*.

Noi di Piana degli Albanesi professiamo il Credo Niceno-Costantinopolitano senza *Filioque* ma l'ha fatto il Papa, anche, alcune volte, quindi non è un problema, ma qualora questo problema esista, è rilevato dai più tradizionalisti del Monte Athos o di altrove, gli Ortodossi più intransigenti. Se dovesse essere un problema sacramentale, allora non solo questo desta la problematica. Il Patriarca Ecumenico non ha mai parlato di ribattezzare. Il Battesimo è uno e nei documenti ufficiali: il riconoscimento dei Sacramenti è pieno quindi il Battesimo non dovrebbe essere assolutamente riamministrato. Non ci sono dichiarazioni. Lo si fa comunemente o di nascosto ma non si deve. Il problema è vero anche per le ordinazioni ordinazioni, si fanno di nascosto ma questo non dovrebbe essere perché di fatto il Battesimo e i Sacramenti sono accettati pienamente dalle due confessioni cristiane. Di fatto però i problemi esistono.

S.E. Mons. Sotir Ferrara[3]

Comunque nei nostri Libri, la Santa Sede non ha mai influito e non ha mai fatto scrivere il *Filioque*, stiamo attenti!

Non era mia intenzione parlare, questa sera, ma mi sento obbligato a dire che i nostri libri liturgici, in qualunque parte del mondo siano stati stampati, non hanno mai riportato il fatto che lo Spirito Santo procede dal Padre e dal Figlio.

Il Papa ha approvato la Divina Liturgia di San Giovanni Crisostomo così. Non c'è stato mai un problema. Molti Ortodossi non fanno più questione sul *Filioque*. Lo Spirito Santo procede dal Padre e con il Padre e il Figlio è adorato e glorificato. Punto e basta.

Mi pare che sia un'altra questione bizantina, questa qui, che non esiste nella Chiesa Cattolica e lo voglio specificare qui, tranquillamente.

Luigi Fioriti

Dopo il Vescovo Sotir altri interventi? Bene, allora possiamo goderci qualche minuto di relax. Ringraziamo il Diacono Paolo. Grazie a questa piccola sinassi episcopale e, quindi, per la vostra attenzione, mettiamoci tutti con la voglia di sentire, di fare e di essere.

Veramente il ricordo di Federici che abbiamo tanti di noi nel cuore, ci porti oggi a vivere questo momento con più intensità, con più gioia. Apprezziamo un po' tutto, perché lui ha creduto in queste cose e l'ha trasmesse anche a noi e gli siamo riconoscenti anche di questo. Allora, grazie, di nuovo, e pronti per la Liturgia.

---

[3] Eparca di Piana degli Albanesi

Sezione IV

—

Scrittura-Liturgia-Ecumenismo nel pensiero e nell'opera di Tommaso Federici

Introduzione
—
S.E. Mons. Vincenzo Apicella

In nome del Padre e del Figlio e dello Spirito Santo. Amen. Benedetto il Dio Padre del Signore Nostro Gesù Cristo, che ci ha radunato e ci ha colmato dei suoi doni. In Cristo e nello Spirito Santo.

Come avviene in ogni buon Convegno, diciamo che rimangono, alla fine, quelli più resistenti e quelli più forti. Ieri abbiamo avuto delle relazioni che volevano illustrare il cammino delle realtà grandi di cui il professor Federici si è occupato nei suoi studi e nella sua vita: la Liturgia, la Parola, l'Ecumenismo, le Chiese.

Oggi vogliamo ricentrare i riflettori, l'attenzione su di lui, diciamo, più direttamente. Ripercorrere, risfogliare un po', anche attraverso la nostra esperienza, oltre che i suoi scritti, quello che è stato il suo contributo e la sua originale presenza nel panorama teologico ed ecclesiale degli ultimi anni, fino al 2002, all'anno della sua morte.

Per iniziare questa rivisitazione volevo riportare alla memoria un altro grande amico di Tommaso Federici, che ci ha lasciato per tornare alla Casa del Padre, durante quest'estate. Abbiamo parlato di Fortino, di Lanne, di Martini e abbiamo dimenticato il nome di un giornalista importante, notevole, che è stato un po' l'interfaccia del professore all'Osservatore Romano, parlo di Raffaele Alessandrini. Raffaele Alessandrini aveva scritto, proprio nell'aprile del 2003, cioè a un anno dalla morte del Prof., un articolo in sua memoria, di cui desidero riportare alcune frasi.

Scelgo non le frasi che riguardano il professore dal punto di vista accademico o pubblicistico, ma quelle che riguardano l'umanità di Tommaso.

Egli scriveva:

> *«Oltre esperto e consultore presso diversi dicasteri, merita di essere ricordata, perché non meno rilevante, un'autentica, continua, sapiente Diaconia in favore delle minoranze, dei piccoli del Signore, dei poveri e degli umili, in Italia e all'estero, che, in Tommaso Federici, trovarono un Maestro, un punto di riferimento sicuro, spirituale e culturale, ma anche un appiglio, una spalla su cui piangere, un consigliere saggio, una mano generosa e totalmente disinteressata, che raccoglieva e convogliava continuamente denaro e aiuti, soprattutto per i più dimenticati. Molti sono coloro per i quali conoscerlo fu una vera benedizione».*

Scrive ancora Raffaele:

> *«Se chiudiamo gli occhi ci sembra di rivederlo camminare a passo lesto, lungo la strada che dall'Università Urbaniana conduce a casa sua, nel cuore popolare del Rione Parione. Non alto, i capelli rasi al centimetro, gli abiti semplici, lo zainetto a tracolla, la scoppoletta calcata sugli occhi e l'inseparabile mezzo Toscano tra le labbra. Mentalmente lo riaccompagniamo. Ricordiamo l'animo sensibilissimo ed elevato ma fresco, ingenuo e sovente indifeso e vulnerabile come quello di un bambino. Rivediamo il suo volto assorto in meditazione e, poi, la fronte rannuvolata che, di colpo, si spiana e, come avviene quando una ventata improvvisa e gagliarda, squarcia il cielo coperto, un sorriso franco e infantile gli illumina gli occhi e il viso. Così Tommaso si trasformava, pronto a distribuire nella sua casa stracolma di libri, di icone e di mille curiosità, accoglienza, ospitalità, ilare e cordiale a suon di caffè carico e battute in ricercato romanesco. Noi piangiamo Federici in modo tutto particolare perché avevamo in lui un amico fedele, cordiale, inimitabile e tuttavia le nostre lacrime sgorgano raddolcite dalla consapevolezza di aver conosciuto un autentico testimone della Resurrezione.»*

Mi sembra che queste ultime parole possano sintetizzare

tutto, forse potrebbero anche essere scritte sulla tomba che, qui custodisce i resti del Prof.: "Testimone della Resurrezione", mi sembra la definizione più sintetica e calzante che possa rendere l'idea di chi era Tommaso Federici.

A parlarci del suo contributo c'è Lamberto Crociani, amico di una vita anche lui, che, però, desidero ringraziare in modo particolare, perché è grazie a Lamberto se, in questi ultimi tempi, si è potuto proseguire quell'opera di riedizione, di pubblicazione di inediti, dell'enorme massa di materiale che il Prof ci ha lasciato in eredità.

Un'eredità che non possiamo tenere per noi stessi, ma dobbiamo far circolare nel modo più largo e diffuso possibile.

Dopo aver curato insieme il primo inedito è venuto alla luce *La Parola proclamata e celebrata, l'Omelia*, che è stato pubblicato in via telematica qualche mese fa.

Sono stati riediti i due volumi delle Letture sulla Fede e sulla Carità, le prime quanto mai attuali proprio perché siamo nell'Anno della Fede, indetto da Benedetto XVI.

È pronto anche il volume delle Dispense sulla Divinizzazione. Si sta pensando alla riedizione del Commentario al Lezionario Romano, che presenta alcune difficoltà di distribuzione del materiale, essendo, come voi sapete, un'opera monumentale che va divisa in parti.

Mi auguro che per l'anno prossimo, di questi tempi, si possa avere il primo volume con la parte generale e l'Anno A.

L'altra grande opera che dovrebbe vedere la luce, inedita, è la Mistagogia dei Sacramenti. Anche di questa il materiale è abbondante e Lamberto l'ha già quasi visionato del tutto.

Poi ci sono tantissime altre cose. Parlavamo prima con Efrem sulla necessità di esaminare le numerosissime scatole di dispense, documenti, articoli che sono stati depositati qui, in questa Abbazia, che custodisce la memoria fisica, culturale e spirituale di Federici.

Occorrerebbe che qualcuno, finalmente, si decidesse a metterci le mani dentro e a farne un inventario serio, più serio di quello che fu fatto a suo tempo, in modo sommario, provvisorio e disordinato

Quindi il lavoro che rimane è tanto; sono passati dieci anni e qualcosa è stato fatto, forse potevamo fare anche molto di più, probabilmente, ma le forze sono quelle che sono e anche le capacità sono quelle che sono, perché a mettere le mani in quel materiale non può essere il primo che passa, ma ci vuole una competenza e una certa familiarità col discorso.

Per il momento, ancora un grazie a Lamberto e a tutti quelli che lavorano ancora perché il patrimonio del Professore non vada disperso, ma possa essere sempre di aiuto, di stimolo e di arricchimento per le nostre Chiese.

Lascio quindi la parola a Don Lamberto Crociani.

Scrittura-Liturgia-Ecumenismo nel pensiero e nell'opera di Tommaso Federici

—

Lamberto Crociani o.s.m. [1]

Anche solo scorrendo in modo superficiale il grande commento al lezionario domenicale latino, l'ultima opera edita da Tommaso Federici,[2] il lettore si rende immediatamente conto che tutto il complesso teologico—introduzione, commento al lezionario e note teologiche—è fondato sulla

---

[1] *Frate dei Servi di Maria, Docente di Sacra Liturgia*
[2] T. Federici, Cristo Signore Risorto amato e celebrato, I Commento al lezionario domenicale Cicli A, B, C, [=CLR] Eparchia di Piana degli Albanesi, Palermo 2001.

lettura liturgica della Santa Scrittura nella fedeltà alla tradizione delle Chiese, secondo una mirabile sintesi tra Oriente ed Occidente, che vuole riportare all'esperienza della Chiesa indivisa del primo millennio.[3]

Le due tradizioni ecclesiali, che contemplano l'unico Mistero da angolature diverse, si integrano e si interpretano reciprocamente in modo da costituire un complesso unico ed organico dal punto di vista teologico, linguistico ed antropologico, dove il fondamento è la Parola, amata e celebrata. La Parola del Risorto, che illumina tutta quanta l'esperienza delle Chiese, non solo nella lettura della Scrittura ma anche nei "tipi" diversi e complementari dei riti liturgici. Cristo Signore Risorto si può celebrare solo mediante la sua Parola, come è verificabile in ambedue le introduzioni ai commenti dei lezionari.

A fondamento di questo percorso, prima di tutto spirituale oltre che scientifico, in Tommaso Federici sta la conoscenza delle lingue antiche, che costituiscono il grande patrimonio delle Chiese stesse, quindi l'attento e puntiglioso studio filologico e lessicale, che ha portato l'autore a riscoprire la forza e l'importanza del grande universo simbolico biblico, che fonda la lettura della Parola di Dio e della liturgia delle Chiese nella grande Tradizione indivisa.

I destinatari di questo immane lavoro sono stati, nel corso degli anni, prima di tutto gli studenti del Pontificio Istituto Liturgico, della Pontificia Università Urbaniana e degli altri Istituti presso i quali Federici ha insegnato teologia biblica e

---

[3] Altrettanto significativo è che l' introduzione al commento alle letture bibliche della Divina Liturgia bizantina è pressoché identico: cf T. Federici, *Resuscitò Cristo!. Commento alle Letture bibliche della Divina Liturgia bizantina*, [=*CLB*] Eparchia di Piana degli Albanesi, Palermo 1996, p. 27-286. Meno sviluppata questa introduzione, che precede quella del *CLR*, ma essa contiene tutti gli elementi che troveranno l'ultima e completa elaborazione nel commento occidentale.

liturgia, offrendo sempre preziose dispense continuamente aggiornate. In secondo luogo i parroci e il clero in generale—diaconi e presbiteri[4]—senza escludere come è ovvio il mondo scientifico universitario e quanti laici lo hanno conosciuto, apprezzato e seguito nella sua ricerca e insegnamento.

L'amore per gli studenti, che avrebbero costituito il clero occidentale ed orientale di tante nazioni, si manifestava non solo nell'insegnamento diretto nelle diverse facoltà, ma anche nella sua casa di vicolo Savelli a Roma, dove tanto spesso gli alunni, tra cui il sottoscritto, si ritrovavano in un clima di vera comunione ecclesiale a dialogare, approfondire, ricercare, esprimere dubbi e perplessità, ma anche per momenti di vera gioia ricreativa. Per tutti il professore era sempre pronto e disponibile a chiarire dubbi, approntare piste di ricerca, offrire materiale filologico da approfondire, ma anche a sostenere, consigliare, aiutare sempre con gioia, condividendo le difficoltà di ciascuno con uno spirito di vera amicizia.

In questa "*Scuola materna*"—come spesso la definiva—si comunicava l'amore per la Scrittura e la tradizione dei Padri, si imparava ad conoscere ed amare l'Oriente cristiano perseguitato e bisognoso, anche economicamente, e ad apprezzare, ciascuno, l'appartenenza alla propria Chiesa.

Nella sua ricerca e nel suo insegnamento, fedele interprete del Vaticano II, Federici accoglie e sviluppa le affermazioni fondamentali della costituzione dogmatica sulla divina Liturgia, mediante la quale, specialmente nel divino sacrificio

---

[4] Per questi ultimi in particolare, oltre ad incontri formativi in varie diocesi, convinto dell'urgenza di «*imparare e pregare*», Federici ha approntato una vera sintesi teologica biblico-liturgica per poter iniziare nelle diverse comunità parrocchiali delle *scuole di preghiera*, che abbiano quale unico fondamento la Parola celebrata: cf T. Federici, *Cristo Signore Risorto amato e celebrato*, II, *La scuola di preghiera cuore della Chiesa locale*, Edizioni Dehoniane, Bologna 2005. L'opera, pressoché completata dall'autore, è uscita postuma.

dell'eucaristia, «*si attua l'opera della nostra redenzione*», e che *contribuisce in sommo grado a che i fedeli esprimano nella loro vita e manifestino agli altri il mistero di Cristo e la genuina natura della vera Chiesa*».[5]

Questo rapporto biunivoco liturgia-vita, che trova la sua prima complessa manifestazione nella sua tesi dottorale in Liturgia,[6] tornerà costantemente in tutta la sua produzione scientifica, a partire dalla lettura dei sacramenti dell'iniziazione.[7]

E non solo la costituzione liturgica. Sicuramente per la comprensione di questa sono indispensabili sia la costituzione sulla Chiesa sia quella sulla divina Rivelazione, anzi ambedue sono strumento di approfondimento del significato della liturgia nella vita dell'uomo.

Ma procediamo con ordine, cercando di offrire almeno le linee fondamentali del pensiero federiciano, ricordando ancora anzitutto che la ricerca scientifica del professore parte dalla lettura attenta della Scrittura, nell'alveo della sana Tradizione, che egli ripropone sempre secondo le più urgenti necessità della Chiesa contemporanea. Nel complesso, pertanto, la sua opera non si manifesta come un lavoro di

---

[5] Con S. Garofalo ha diretto la pubblicazione del *Dizionario del Concilio ecumenico Vaticano secondo*, UNEDI, Roma 1969, per il quale ha scritto diverse voci, tra cui quella sullo Spirito Santo.

[6] T. Federici, *Carità e Liturgia. Catechesi mistagogica permanente*, Excerptum ex dissertatione ad Doctoratum Liturgiae assequendum in Pontificio Instituto Liturgico Romae, Ho Theologos, Palermo 1979. Qui è anche possibile verificare il peso che la costituzione sulla divina Rivelazione [*Dei Verbum*] ha avuto nel corso di tutto il suo lavoro scientifico, sicuramente definendo la sua visione della Chiesa, la Sposa amata del Verbo, quindi, e in primo luogo, la sua teologia trinitaria. Quest'ultima sicuramente trova la sua fonte principale nell'opera teologica di San Massimo il Confessore, e si sviluppa nella solida tradizione monoteistica ebraica.

[7] Per i sacramenti, in attesa della pubblicazione della sua *Mistagogia*, cf ad esempio la sua tesi dottorale pp. 48-89, e *La scuola di preghiera cuore della Chiesa locale*, p. 327-337.

mera archeologia, ma è tutta tesa a comprendere i segni dei tempi alla luce della Parola di Dio, cui il cristiano non può rinunciare. È suo l'assioma: «Il cristiano è un uomo che ha in mano un "libro"; gli togli quel libro, è un uomo qualunque», perché solo la divina Rivelazione, a partire da Cristo Risorto, da senso a tutta l'esperienza dell'uomo redento.

La vastità dell'argomento costringe a offrire solo quelli che ritengo essere i punti costitutivi del suo pensiero: la Scrittura, quale «Parola della Resurrezione», la Liturgia a partire dal suo rapporto primario con la vita quotidiana del cristiano, di conseguenza la Divinizzazione cui la Parola celebrata e mangiata conduce il fedele. Il rapporto costante col "polmone" orientale dell'unica Chiesa è sempre offerto dai contenuti teologici sviluppati.

1. La Parola della Resurrezione

Dopo lo studio della filologia classica, la Sacra Scrittura è stato l'oggetto principale della ricerca del Federici. Sicuramente la sua formazione filologica e la sua *mens* matematico-giuridica hanno notevolmente contribuito al suo studio sistematico, ma non ne hanno affatto costituito un limite. Fin dagli anni della sua formazione biblica, infatti, tutto l'impegno è stato rivolto a ricercare la connessione tra il Mistero di Cristo e la vita del cristiano. Basti pensare allo studio ermeneutico fatto con I. de la Potterie sulla Trasfigurazione,[8] che resta di grande importanza per la comprensione oggi del sacramento della santa confermazione nella fedeltà alla tradizione ecclesiale, e il primo fondamento sicuro per comprendere che quanto il Padre mediante lo Spirito Santo ha operato in Cristo, lo stesso opera nel

---

[8] La Trasfigurazione del Signore. Saggio di esegesi antica e moderna per una "tradizione ermeneutica", *pro manuscripto*, Pontificio Istituto Biblico, Roma 1971.

cristiano.⁹

Purtroppo di questo testo, che rilegge l'evento Trasfigurazione nell'esegesi dei Padri delle diverse aree geografiche, resta solo la copia dattiloscritta per l'esame sostenuto.

a. La Divina Rivelazione

La Scrittura, pertanto, letta nella continua tradizione delle Chiese, risulta l'esperienza necessaria, grazie alla quale si rivela l'unica Volontà divina, cioè che *tutti gli uomini siano salvi e giungano alla conoscenza della verità* (1 *Tim* 2,3b-4), affermazione che affonda le sue radici già nel cuore dell'Antico Testamento: cf *Ez* 3,18; *Sap* 1,13. 11,24. 12,19.¹⁰

Ma allo stesso tempo la Scrittura santa, che esprime questa esclusiva Volontà, «*chiede dall'uomo concreto un atteggiamento fondamentale di conversione e di fede* ...» Ora però, se altre religioni proclamano e postulano una fede umana per continuare a lottare e così poter conseguire la felicità

> «...*la radicale diversità della Rivelazione ebraico-cristiana consiste nel fatto che essa propone l'apertura verso il Trascendente personale, il quale dà motivo e sostanza di vita all'immanente, al puramente umano. Così la Rivelazione mostra coi fatti che la fede non è e non può essere un fatto unicamente umano, se vuole essere fede, ma che proviene da Dio, e come tale conferisce e dona per se stessa la vita.*»

Chi rifiuta in modo volontario l'apertura alla trascendenza

---

⁹ Cf anche per es. Carità e Liturgia, p.48, spec. la nota 53: «La teologia biblica liturgica dei misteri sacramentali della Chiesa deve sempre partire dagli eventi della vita di Cristo, e qui ritrovare il significato che i «segni» rappresentano nel piano di Dio — e non dalla materia e forma, dell'effetto pedagogico (!), psicologico, sociologico, e così via, che saranno sempre punti di riflessione, ma non intaccano minimamente la sostanza della Rivelazione divina».

¹⁰ *Idem*, p. 41.

dimostra di essere un "malato":

> «...*un tale uomo non sarà mai in grado di raggiungere la desiderata autosufficienza, e la felicità agognata, ma è e resta una realtà che ha serie probabilità d'essere inutile, e forse dannosa e gravemente dannosa per sé, per gli altri e per il mondo, dei quali vorrebbe il 'bene'*».[11]

Federici qui fa proprio il pensiero paolino per cui l'uomo è chiamato ad applicare la sua intelligenza e la sua operosità, che vengono a lui dallo Spirito della Resurrezione, al lavoro nel mondo per far partecipare anche il cosmo alla gloria dei figli, donata dal Padre e che procede dal Risorto nello Spirito.[12]

b. Cristo Signore Risorto: Lettura «Omega»

La Scrittura, però, non è un testo da leggere come un qualsiasi altro libro consegnatoci dalla tradizione antica; essa postula innanzi tutto l'umiltà della fede, donata ed accolta: *la Parola si ascolta*. Questa diversità di lettura sta nel punto di partenza, che illumina tutto l'evolversi della divina Rivelazione. Questo punto di partenza è una persona: Cristo Signore, il Risorto. Così interpretando il cap. 24 di *Luca* sia nell'incontro del Risorto con i due discepoli sia nell'apparizione nel cenacolo, Federici pone la Resurrezione quale fondamento ermeneutico di tutta quanta la Scrittura.

Nella introduzione alle dispense sulla Parola celebrata e la mistagogia l'autore afferma:

> «*Iniziare da Cristo Risorto ogni analisi, non è solo* 'un' *metodo di lettura biblica. È* 'il' *metodo principale, che offre una precisa e completa teologia—dalla fine del fenomeno, si può conoscere*

---

[11] Ibidem.
[12] Idem, nota n. 35, p. 41-42. Per quanto qui affermato si veda anche il *Dizionario del Concilio* alle voci *Parola di Dio* (col. 1555-1562) e *Rivelazione* (col 1730-17459 curate da due diversi collaboratori.

> *l'intero fenomeno, e solo così—, con conseguenze per la vita di fede, per la carità, per il culto dossologico al Padre. È del resto la lettura biblica teologica inaugurata da Cristo stesso dopo la Resurrezione, come ad Emmaus: Lc 24, 13-35 e 44-49, nel cenacolo. San Paolo non ha altra tecnica (cfr qui 1 Cor 15,1-8 e 14-20). In sostanza si ha questo: 'Eccomi, Risorto: esplorate adesso le Scritture, esse parlano di Me!'. Cristo Risorto dice sempre lo Spirito Santo. Così che quando lo Spirito resuscita per Decreto del Padre l'Umanità del Figlio, già alla tomba vuota risuona l'imperativo originario per la Chiesa di tutti i tempi: 'Andate, annunciate, fate memoriale!'. Con gli occhi sempre fissi a quel luogo, a quel momento, a quella Persona, la Chiesa seguita ad andare, ad annunciare, a fare memoriale: a partire dalla Parola del Risorto, Parola di Resurrezione.»*[13]

Questo, che l'autore definisce «lettura Omega», è il metodo, che egli riconosce ed usa come ordinario per la lettura e la comprensione della Scrittura, e consiste nel recuperare oggi il metodo inaugurato dallo stesso Risorto quel primo giorno della settimana, restando comunque sempre valido il principio ermeneutico per cui la Scrittura si interpreta solo ed esclusivamente con la Scrittura.

Tale definizione «lettura Omega», Federici la desume dalle scienze umane:

> «*Quest'espressione ... significa 'leggere' una realtà a partire dalla fine, come solo metodo di lettura esatto e completo, nella consapevolezza che «solo la fine (omega) spiega l'inizio (alfa)», e con ciò, quello che dall'alfa porta all'omega. Tale lettura si può applicare universalmente, senza tema di errare troppo.*»[14]

Il metodo, riscoperta recente delle scienze fisiche, era già noto ad Aristotele, che lo aveva dimostrato senza possibilità

---

[13] T. Federici, *La Parola proclamata celebrata e la Mistagogia*, Fondazione Tommaso Federici, Roma 2011, p. 27.
[14] *CLR*, p. 135-138.

di contestazione[15]. E adesso il nostro autore lo applica con lucidità a tutta la Scrittura, per evitare letture, non errate o devianti, ma solo parziali. Allora, se il punto finale di tutta la Rivelazione è la Resurrezione dell'Umanità del Figlio che il Padre opera nello Spirito Santo,

> «*A causa della Resurrezione, l'Omega, il Verbo ha cominciato l'Alfa, ossia si è incarnato, è stato battezzato e trasfigurato, è passato tra gli uomini con l'Evangelo e con le opere grandi del Regno, ha accettato la Croce e la sepoltura. A causa della Resurrezione, l'Omega, il Disegno divino ha disposto la Preparazione, l'Alfa, creando con l'esodo Israele, il popolo dell'alleanza divina da cui doveva nascere nella carne il Figlio di Dio (Rom 1,3-4; 9,5; Mt 1,1-17), un popolo che ha preparato questa Venuta nel suo seno, e dotandolo della Parola divina di cui fu portatore autentico. A causa della Resurrezione, l'Omega, il Disegno divino ha proceduto a creare il mondo, l'Alfa, e lo ha ordinato in funzione degli uomini*»[16].

Questo determina la centralità unica del Mistero della Resurrezione nell'opera del Federici, che si fa continuatore della grande teologia patristica orientale ed occidentale, tanto da poter affermare che ormai tutto per l'uomo avviene «*dopo a causa a partire dalla Resurrezione, per la Grazia della Resurrezione, verso la resurrezione comune*», rileggendo così 1 *Cor* 15,12-17 e puntando tutta la forza del discorso sull'attesa della resurrezione comune, perché come è Lui, Risorto, saremo anche noi, per lo Spirito di Dio che abita in noi (*Rom* 8,11).

La Resurrezione, allora, è il nucleo della Pentecoste dello Spirito sugli uomini, sulla Chiesa dei santi: questo che in termini biblici si definisce

---

[15] Cf E. Gilson, *Linguistique et philosophie – Essais sur les constantes philosophiques du langage*, Paris 1969.
[16] *CLR*, p. 133.

> «*Parusia, la Presenza divina triadica per gli uomini: del Padre mediante Cristo Risorto nello Spirito Santo. È la specifica presenza del Signore Risorto nella Chiesa (Mt 28,20), mediata dallo Spirito Santo, secondo la promessa della Cena (Gv 14-16). Presenza che è Manifestazione, 'teofania' continua di Grazia e di Sapienza nuziale*».[17]

Il discorso potrebbe a lungo proseguire. Qui rimando soltanto all'introduzione ai commenti al lezionario della Chiesa bizantina e al lezionario domenicale della Chiesa romana, e a *La Parola proclamata celebrata e la mistagogia*, dispense per gli studenti dell'Urbaniana, che sono state pubblicate lo scorso anno dalla Fondazione Tommaso Federici.

c. Parola di Dio e Lezionario

Per concludere questa parte e comprendere la connessione tra Parola e Liturgia, però, bisogna ricordare ancora che la lettura ordinaria della Scrittura nelle Chiese è quella offerta dal lezionario, che racchiude in sé domenica per domenica e settimana per settimana i grandi tesori della Liturgia. Centro della Parola è l'Evangelo, l'annuncio del Risorto, oggi nella "*dominica dies*", il "giorno signoriale", la "domenica", che è la festa unica dei cristiani.[18]

A partire dalla Notte della Resurrezione, vero inizio dell'Anno della Grazia del Signore, e modello di tutte le

---

[17] Per una esplicitazione di quanto qui affermato cf almeno T. Federici, *La Parola proclamata celebrata*, pp. 223 ss.

[18] Lentamente, e lo dimostra la lettura delle opere di Federici si fa sempre più chiaro che la Chiesa antica non conosceva altra festa se non la «domenica». La coscienza di questo lo porterà a rifiutare il vocabolario "pasquale" che inizia alla metà del secolo III in area siriaca specie con Melitone di Sardi. Tale rifiuto si fonda sull'esegesi del francescano Emanuele Testa, suo sincero amico e che Federici stimava molto come uomo e come studioso. Per una sintesi del problema cf *CLR*, p. 371.

celebrazioni vigiliari domenicali, *domenica per domenica*, in una *selezione per accentuazione*, la proclamazione evangelica porta ad approfondire tutti i contenuti del Mistero, a riconoscerli nella preparazione profetica dell'Antico Testamento e a viverli nell'oggi ecclesiale (Apostolo)[19].

L'importanza di questa lettura della Scrittura è data dal fatto che:

> *«La Scrittura è la Parola divina vivificante trasformante divinizzante: Jo 1,12-13; 6,63.68; 1 Pt 1, 23; Jac 1,18. È il primo Dono inconsumabile della Grazia dello Spirito Santo, l'Ispiratore, la Sapienza divina. È il divino inesauribile Colloquio indicibile tra Padre e Figlio, nella Persona divina del Figlio, Verbo Dio, Verbo di Dio, Dio da Dio, Luce da Luce, Dio Vero da Dio Vero. E nel Figlio Verbo, per la presenza attuante dello Spirito Santo, è il divino Colloquio del Padre con tutti i figli suoi. Perciò, risalendo al Seno beato della Divinità, e ridiscendendo alle realtà storiche, la Fonte della Parola divina è duplice e coestensiva: l'Amore, Amore divino trinitario, che parte e conduce tutto dalla Resurrezione del Signore Gesù. La Parola divina è annuncio di Resurrezione.»*[20]

Per un approfondimento di tutto questo rimando anche al mio intervento nel convegno di Pulsano dell'anno 2010[21].

2. Liturgia, risposta alla Parola della Resurrezione

Più volte gli studenti, dalla cattedra e fuori della cattedra, hanno sentito il professore affermare che lo studio della liturgia non si fa con le collette e i prefazi, ma con la Parola di Dio. Questo ha permesso un approccio nuovo per esempio

---

[19] Cf almeno *CLR*, p. 108-123.
[20] T. Federici, La Parola proclamata celebrata e la Mistagogia, p.219.
[21] L. Crociani, *Il lezionario*, in *Cristo Signore Risorto*, Atti del Convegno, Abbazia di Santa Maria di Pulsano 9-10-11 Settembre 2010, Fondazione Tommaso Federici, Roma 2011, p. 59-70.

con l'anno liturgico, non più legato ai semplici tempi, rigorosamente distinti tra *forti* e *ordinario*, ma strettamente ancorati all'incalzare settimana dopo settimana della Parola, proclamata nella sua selezione per accentuazione, da domenica a domenica, determinando anche dei sintagmi ben più ampi del tempo in sé. Tale scansione ha permesso di determinare meglio i punti di contatto tra i diversi anni liturgici delle Chiese, centralizzando la Notte della Resurrezione quale vero inizio per tutte, ma anche di comprendere—dagli inizi particolari—le diverse dinamiche e tensioni delle Chiese nella celebrazione dell'unico Mistero in attesa della pienezza della Parusia.

a. Liturgia, "culmine e fonte", opera trinitaria per l'uomo

Oltre a quanto sopra affermato, assieme al fatto che la liturgia non assume solo un valore temporale, ma anche *spaziale*, un tale metodo ha permesso di penetrare con maggiore profondità il significato reale di liturgia, così come l'introduzione alla costituzione conciliare la presenta a partire dall'Economia salvifica realizzata nel Mistero di Morte e Resurrezione del Cristo (*SC* 5), e soprattutto l'affermazione lapidaria che essa «*non esaurisce tutta l'azione della Chiesa*» (*SC* 9), ma «*è il culmine verso cui tende l'azione della Chiesa e, al tempo stesso, la fonte da cui promana tutta la sua energia*» (*SC* 10).

La teologia liturgica di Tommaso Federici è comprensibile solo in questo contesto e leggendo coestensivamente la costituzione dogmatica *Lumen gentium* e la *Gaudium et spes*, senza nulla perdere della costituzione sulla divina Rivelazione. Da questo inquadramento, che parte dalla *Sacrosanctum Concilium*, è possibile comprendere anche la motivazione dei molteplici interventi sulla dottrina sociale della Chiesa[22] e la

---

[22] Cf per esempio almeno *Alla ricerca nella Bibbia delle radici dell'impegno. «Rendete a*

lettura dell'enciclica *Redemptoris missio* di Giovanni Paolo II, dove Federici "descrive" l'azione unica dello Spirito Santo nella missione ecclesiale[23].

L'efficacia di questa Parola di Vita[24] è tale in forza della sua proclamazione, del suo essere detta: si veda qui la teologia della Parola di Luca[25] e di Marco[26], ma essa esige da parte della Chiesa una continua mistagogia[27], doverosa sempre nell'omilia liturgica[28]

Qui la Parola-pane, mangiata con le orecchie, è spezzata per poter divenire *cibo* e *bevanda*, mediante i segni sacramentali, per crescere nel cammino di divinizzazione, permettendo oggi alla Parola eterna di divenire *carne*[29].

Da questo punto di partenza, però, il discorso si deve

Cesare» (adesso) e «Rendete a Dio» (in ultimo), in «sociali»1/1976, p. 26. Diversi saggi brevi sono stati pubblicati presso l'editrice «Studium».

[23] Lo Spirito Santo protagonista della missione (RM 21-30). Commento alla *"Redemptoris Missio"*, in *Studia Urbaniana* 38, Pontificia Universitas Urbaniana, Roma 1972, p. 107-151, dove il punto di partenza è ancora la "lettura Omega" della Scrittura.

[24] Cf *La Parola cibo*, in OLR, 709-721, che diviene un vero approfondimento per lo studio della teologia eucaristica.

[25] Cf Lc 1,45: «*Beata colei che ha creduto che sarà compimento per le parole dette a lei dal Signore*», e Lc 4,21: «*Oggi è stata compiuta questa Scrittura nelle orecchie di voi*»: la Parola sempre realizza quanto dice. Essa va ascoltata e dopo accolta, ma essa già opera. Per questo tratto di teologia lucana cfr CLR, p. 1238. 2086 (!). 1841.

[26] Cf *Mc* 4,26-27: CLR, p. 1429-1430.

[27] Oltre a *La Parola proclamata celebrata* e la *Mistagogia* già citato, si veda anche la sintesi fatta da Federici in: La santa mistagogia permanente della Iglesia, in *Phase* 193/1993, p. 9-34: qui partendo dall' OICA e dal *De institutione liturgica in seminariis*, l'autore ripercorre la tradizione mistagogica della Chiesa per mostrare come il Mistero di Cristo, cui lo Spirito Santo ha iniziato i neofiti, deve essere continuamente vissuto e approfondito. L'omilia celebrativa è il momento privilegiato della mistagogia. Federici riconosce che questa è il metodo della divina Rivelazione e deve condurre alla divinizzazione.

[28] Cf CLR, p.153-174: qui si recupera il significato dell'omilia mistagogica quale vera *liturgia* con le sue dinamiche e le strutture caratteristiche di questo genere letterario.

[29] È bene qui rivedere in CLR il commento a *Jo*, 24-59 nelle domeniche XVIII-XXI del ciclo B, con la premessa fatta nella domenica XVII "*dei cinque pani e due pesci*". Cf particolarmente il commento ai vv. 55-56 in CLR, p. 1494.

ampliare per comprendere il senso di una liturgia quale *culmine e fonte*[30].

Proprio grazie alla Resurrezione, dopo la Resurrezione, in forza della Resurrezione e in vista della resurrezione l'uomo è chiamato ad essere, sul prototipo Cristo, "liturgo" nella storia. A partire da questo prototipo la liturgia è comprensibile prima di tutto come "opera trinitaria": questo rivela tutta la vita storica del Risorto, dal Battesimo al Giordano fino alla Croce. Il Nuovo Testamento offre agli uomini per sempre un chiaro schema.

In primo luogo *l'annuncio dell'Evangelo*. Così Paolo in *Rom* 15,16, di cui riporto la traduzione tratta dall'introduzione al commento del lezionario romano:

> «... per la grazia donata a me da Dio, al fine di essere io liturgo del Cristo Gesù tra le nazioni,
> operando sacerdotalmente (hierourgoúnta) l'Evangelo di Dio, affinché avvenga l'offerta (prosphorá) delle nazioni accetta.»[31]

Di seguito le *opere del Regno* o *carità del Regno*, come sempre Paolo si esprime in 2 *Cor* 8,4.6.7.19 a proposito delle «collette» a favore della Chiesa di Gerusalemme in strettezze economiche, e ancora sempre riferendosi alle stesse in 2 *Cor* 9,12, Paolo si esprime definendo l'azione dei Corinti «*la diaconia di questa liturgia*». Questa opera liturgica (*le opere buone*) dà gloria al Padre celeste come si legge nel complesso di *Mt* 5,13-16.

Infine *il culto di adorazione* al Padre per Cristo nello Spirito Santo: la liturgia comunemente intesa. Questa è innanzi tutto l'opera del Signore *per* il suo popolo, perché tutti gli uomini possano operare per la gloria del Padre. Pertanto, se l'azione

---

[30] Cf La "liturgia" nella sua integralità assieme alla nota seguente I divini Misteri dell' Altare in CLR, p. 23-38.
[31] *CLR*, p. 24.

profetica e caritativa deve precedere il culto di adorazione, che risulta il *culmen*, proprio quest'ultimo fonda e motiva l'opera di carità divina per il fratelli, per cui questo diviene la *fons* insostituibile per i fedeli, affinché vivano questo inderogabile dovere per i fratelli, in quanto il Risorto vuole proseguire la sua liturgia nel mondo mediante i suoi discepoli. La carità risulta allora operare «liturgicamente» nel mondo: di questo la celebrazione è il culmine, quale confluenza, verifica e "sigillo" di quanto si è operato.[32]

Diversamente è agire come la comunità paolina di Corinto che celebra l'Eucaristia, ma la nega con la sua vita (1 *Cor* 11,17-34).

b. Liturgia, forma suprema di conoscenza

Così accolta e vissuta la liturgia è forma suprema della conoscenza, perché solo celebrando si ama e si conosce. A confermare questo non sta solo il *koinikón* della Divina Liturgia di Rito bizantino (*Vedemmo la vera Luce...*) ma anche numerosissimi testi eucologici del Messale romano dove si rende grazie per la Luce ricevuta e per la conoscenza di Misteri celesti raggiunti, perché di questi la celebrazione è esperienza concreta.[33]

---

[32] Cf *Carità e Liturgia*, p. 48-89, dove leggendo la Scrittura e in special modo i Padri dell'area orientale, soprattutto San Massimo il Confessore, Federici analizza il nuovo *Ordo Initiationis Christianae Adultorum*, innanzi tutto come esperienza per l'uomo di libertà. L'analisi del Battesimo porta ad un interessante raffronto tra la tradizione latina attuale e specialmente il Rito bizantino. Particolare insistenza va alla Confermazione del Battesimo in rapporto alla Trasfigurazione del Signore e alle sue conseguenze: ciò fonda la vita liturgica dell'uomo dall'annuncio della Parola, all'offerta totale di sé e al continuo operare tra i fratelli nel mondo, nelle diverse culture per attuare il mandato della Cena: «*Fate questo come memoriale di Me*». I primi due sacramenti "cristificanti" conducono al *culmen*, l'Eucaristia, i divini Misteri dell'Altare, che resterà sempre il culmine della libertà vissuta nell'annuncio e nel servizio, ma si propongono già come anticipo del Convito nuziale eterno per la Sposa.

[33] Cf almeno *CLR*, p.319-329.

La conseguenza, pertanto, è che la *Lex orandi* diviene la suprema norma cui appellarsi, norma emanata dal Signore nella Cena («*Fate questo come memoriale di Me*») e nell'imperativo post-resurrezionale ai suoi di fare discepole le nazioni per renderle partecipi del Mistero trinitario. Dal secolo IV, contro le numerose e persistenti negazioni, si ribadisce in Oriente e in Occidente questa norma suprema. Le Chiese orientali esprimeranno la certezza che «*noi siamo quello che celebriamo*», e solo questo portiamo per l'eternità. La vita di grazia allora è "l'opera *per* il popolo" compiuta dal Padre mediante il Figlio e portata a compimento nello Spirito, che procede nella vita della Chiesa a partire dal culto per esprimersi nell'annuncio nell'Evangelo e nella fede operante nella carità.

L'Occidente determinerà che «*la legge del pregare stabilisca la legge del credere*»: pertanto come si prega si deve credere e mai viceversa, perché si celebrerebbero solo idee che passano, mentre l'unica realtà da celebrare è Cristo Signore Risorto.[34]

L'iniziazione "nuziale" al Mistero di Cristo, che il Padre opera per i suoi figli, donando ad essi la pienezza dello Spirito Santo, redime, santifica ed avvia alla divinizzazione, costituendo gli iniziati quali *homines liturgici* in ogni momento ed aspetto della loro vita. Questo progresso iniziatico, che è cammino di divinizzazione, è attentamente vagliato da Federici nella *Mistagogia*, che attende ancora di vedere la luce. Qui lo studioso affronta[35] la realtà partendo come sempre da

---

[34] *Idem*, p.27-28.

[35] L'ecclesiologia di Federici è—secondo la lezione biblica e patristica—tipicamente nuziale. La Chiesa è la Sposa da sempre irresistibilmente attratta dal suo Sposo per essere con Lui *un'unica carne*. La Croce, secondo la lettura giovannea, è il luogo delle Nozze, quando dal lato orribilmente squarciato il Signore, nell'estasi della morte, "fa nascere" la sua Sposa e con lei si incontra nel Giardino della Resurrezione. Per la lettura di *Gn* 2,18 cf *CLR*, p. 1551-1553. Per la lettura di *Jo* 19, 30.34: *CLR*, p. 1158. Con la Croce si consuma per sempre l'antico progetto: Lui e Lei, unica carne nello Spirito, *unica icona di Dio*. L'iniziazione realizza questo progetto nei primi due sacramenti; poi la Sposa, vestita dell'abito bianco

Cristo Risorto, liturgo del Padre, che lo consacra profeticamente, regalmente e sacerdotalmente, dunque quale Sposo, fin dall'eternità per consacrarsi un popolo di profeti, re e sacerdoti in ascolto fedele della sua Parola: la Sposa fedele del Verbo.

La *lex orandi* risulta applicabile solo nell'amore profondo del Signore Risorto per conoscerlo, amarlo, celebrarlo in ogni realtà, e per conoscere in Lui solo il Padre e lo Spirito Santo.

Tutto questo è fondamento di una Chiesa che celebra, nella diversità dei carismi e ministeri, come chiaramente si esprime nella parte anamnetica il canone romano: «*Pertanto, memori di questo mandato, noi tuoi ministri e il tuo popolo santo celebriamo il memoriale...*», cioè l'intera storia della salvezza, che culmina con la Passione, la Resurrezione, l'Ascensione e l'intronizzazione alla Destra del Padre, in attesa che si compia la beata speranza e l'Avvento di Lui: e ogni volta tutto questo è il senso della Parola celebrata.

Così la celebrazione liturgica, quale culmine, mette in funzione «l'universo simbolico», cioè i «santi Segni» con cui per la divina condiscendenza realizza le Realtà della Rivelazione.[36]

Allora ci si rende conto che tutto il sistema sacramentale delle Chiese è stato ordinato in funzione dell'Eucaristia. Se mai qualche difficoltà si può avere oggi, per Federici, in relazione al Matrimonio, fondato quasi esclusivamente sulla base dell'amore umano, *al più in una generica fede, e dal non averlo*

---

profetico, regale, sacerdotale, di vittoria, che è l'abito della Nozze, accede all' Altare, centro della Carità, e luogo della consumazione delle Nozze. Cf *CLR*, p.1118-1127: *Sulla santa confermazione*, specie al n. 3: *Funzioni della santa confermazione*, dove l'aspetto nuziale è riconosciuto come preminente, perché aspetto finale. L'olio consacrante è quello della Gioia divina di *Sal* 44,8. La Chiesa risulta così tutta consacrata come Icona nuziale di tante icone nuziali, che ugualmente devono unirsi al Signore (p. 1123).

[36] *CLR*, p. 35.

più considerato come il 'Mistero grande' ..., come tale fondato proprio e solo sull'Eucaristia, da cui riceve la grazia specifica.» Ancora una volta Federici trae la sua affermazione dalla tradizione ecclesiale: cf Tommaso d'Aquino ad esempio in *Summa theologiae* 3,63,3.[37]

Ma lo stesso Federici sapeva bene che proprio questo aspetto nell'uso latino odierno è pressoché incomprensibile nella stessa celebrazione dell'Iniziazione con anteposizioni e posposizioni di sacramenti, per cui l'Eucaristia non risulta più il culmine sacramentale.

Carità e celebrazione liturgica—unico atto celebrativo—sono inconfondibilmente connesse, esprimendo in questa unità il Mandato del Signore alla Cena. Per questo tale connessione fonda il cammino di divinizzazione dell'uomo, che assimilato a Cristo nel Battesimo e nella Confermazione, diviene con-corporeo e con-sanguineo col Risorto, vivendo così la sua condizione di Sposa del Verbo.

3. La divinizzazione, conseguenza dei divini misteri

Qui affrontiamo questo tema capitale di antropologia teologica solo per sommi capi: questo meriterebbe un intero convegno di approfondimento sulla Parola e sulla Lode divinizzanti, sulla mistagogia e sulla celebrazione dei divini Misteri dell'Altare, quale centro della Carità e della celebrazione. Il punto di partenza non può essere che l'Iniziazione dell'uomo "icona di Dio".

Se il bagno e l'unzione cristificano l'uomo, offrendogli in dono la santa incorruzione, che è immortalità e verginità permanente, il Convito, cui i primi due sacramenti tendono, realizza, mediante la divina sazietà, il processo di divinizzazione[38].

---

[37] *Idem*, p. 53-73.

> «Dio aveva creato l'uomo 'ad immagine e somiglianza' di Sé, dunque come lógos, pnéuma, sophía, nýmphê, gli elementi su cui adesso opera per innalzarlo alla Vita divina del Lógos, del Pnéuma, della Sophía, del Nýmphíos. L'icona di Dio è resa così diálogos, capace di relazione con se stesso, con il prossimo, con il mondo, con Dio, suo Signore e suo Creatore. Il diálogos, in colloquio con il suo Signore, scambia con lui la Parola, Lógos, che porta da Dio all'uomo tutti i contenuti salvifici relazionali, e dall'uomo li riporta a Dio. Anche da questa visuale avviene il già visto Exitus a Deo mediante il Figlio nello Spirito Santo, e nello Spirito mediante il Figlio avviene il Reditus ad Deum. Nella Parola tutto proviene, nella Parola tutto torna.»[39]

Così Tommaso Federici apre il capitolo sulla Parola divinizzante nella sua teologia biblica della Divinizzazione, indagando prima di tutto il vocabolario vetero e neotestamentario a questo connesso.

La Parola risulta la Potenza primordiale, assieme allo Spirito e alla Sapienza, grazie alla quale Dio entra in comunione con la sua creatura e questa con Lui e la sua non accettazione può avere effetti devastanti: cf Jer 1,4-19. Ma questa, però, trasforma gli uomini che la accettano.

La Parola eterna del Padre, con la Potenza dello Spirito Santo, innalza l'uomo a vivere nel modo stesso di Dio, grazie all'assimilazione a se stessa. Così, donando lo Spirito Creatore e trasformatore, il Verbo trasforma il "*lógos* della natura" degli uomini, divinizzandoli. L'effetto finale del Verbo è dunque quello di divinizzare gli uomini con lo Spirito del Padre e suo[40]
. Il *Lógos*-Parola vivente e sussistente del Padre è divinizzante in tutta la sua natura, perché la Parola è seme divino che

---

[38] T. Federici, *Teologia biblica della Divinizzazione*, Fondazione Tommaso Federici, Roma 2012, p. 265.
[39] *Idem*, pp. 267-271.
[40] *Idem*, p. 271.

trasforma in Sé colui che lo accoglie[41]: cf *Jo* 1,12-13 ma anche le parabole del "seme" nei sinottici.

Qui, in modo drammatico, si gioca tutto il destino eterno dell'uomo. Il rifiuto o l'accettazione della Parola, della Sapienza e dello Spirito, determina tutta la sua vita, essendo egli per natura "icona di Dio". Ciascuno è icona irripetibile e ciascuno conosce il suo particolare destino e il suo proprio statuto grazie alla Parola, che lo innalza ad essere "Dio per grazia". Per questo solo la Parola avvia ciascuno a conseguire la divinizzazione per grazia[42].

Tale cammino si fonda per Federici sul *lógion* del Signore, riportato in due diverse forme dagli Evangelisti. Matteo, infatti, pone sulla bocca del Signore in relazione ai suoi discepoli queste parole: «*Ecco la madre mia e i fratelli miei: chi infatti farà la Volontà del Padre mio nei cieli, questi è mio fratello e mia sorella e mia madre*»(12,49b-50).

Luca da parte sua esplicita la *Volontà* come *lógos*, la *Parola*: «*Madre mia e fratelli miei questi sono, quelli che la Parola di Dio ascoltano e la fanno*» (8,21).

Ciò comporta, allora, che prima di tutto la Volontà-Parola, va innanzi tutto ascoltata per poi poterne attuare tutte le virtualità. Così per il dono permanente dello Spirito colui che "ascolta e fa" diviene Madre di Dio, perché Egli vuole essere sempre generato dai suoi fedeli: così ricorda Paolo in *Gal* 4,19. Costui, sempre per la medesima Grazia, è generato dal Padre come "figlio nel Figlio unico", perché quest'ultimo sia "il Primogenito di molti fratelli", come sempre l'Apostolo afferma in *Rom* 8,28-30. Così i fedeli raggiungono la "concorporeità" col Signore (*Ef* 3,6). E allora i Padri, a cominciare da Cirillo di Gerusalemme potranno affermare che tutti

---

[41] *Idem*, pp. 164-170; 272-273.
[42] *Idem*, p. 267; 273.

coloro che sono stati rigenerati nel bagno battesimale, sigillati dallo Spirito della Confermazione e così ammessi al Convito sono e "con-corporei" e "con-sanguinei" del Risorto, tutti tesi alla totale divinizzazione che sarà nella resurrezione finale.[43]

Ho detto all'inizio del paragrafo che la Divinizzazione—il *divinae naturae consortes*[44]—è teologia tutta da ristudiare e ridefinire per l'Occidente, che pur conservandone la coscienza in molti testi liturgici,[45] non ne fa costante oggetto di mistagogia e di riflessione spirituale come l'Oriente, che su questa fonda la sua teologia e spiritualità. Sicuramente una perdita grave che esige un recupero urgente.

Ripercorrendo in questi ultimi otto anni i testi editi e soprattutto gli inediti di Tommaso Federici, mi rendo conto dell'urgenza di offrire alla conoscenza prima di tutto del popolo di Dio e poi anche degli studiosi il nucleo essenziale della teologia iniziatica, mirabilmente esplicitata nella inedita *Mistagogia*, dove ripercorrendo la Scrittura e i Padri si offre la tradizione antica della Chiesa, che riconosce nella generazione dei suoi figli e nella loro consacrazione l'avvio alla pienezza della divinizzazione, possibile nell'ascolto della Volontà-Parola e nella vita di Carità che trova il suo culmine e la sua fonte nei divini Misteri dell'Altare, quale centro unico della Carità e del Culto.

4. Conclusioni

Come spesso mi capita al termine della trattazione di un argomento, riconosco ancora una volta che non mi è facile trarre delle conclusioni, in questo caso soprattutto perché l'opera teologica di Tommaso Federici non è ancora del tutto

---

[43] *Idem*, p. 269 ss.
[44] Cf in *Idem*, pp.161-164.
[45] *CLR*, p. 1000-1005.

edita, anche se quanto è già possesso di molti potrebbe far azzardare alcune considerazioni, tenendo conto che il *CLR* può ritenersi la sintesi della maggior parte della ricerca elaborata.

Condivido l'opinione di molti presenti che il professore non ha voluto offrire un "suo" sistema teologico come tanti teologi suoi contemporanei, che pure sono partiti anche dagli stessi presupposti—Parola/Padri—per giungere a conclusioni diverse. Federici ha voluto solo far parlare la Scrittura e i Padri, analizzandone scientificamente il vocabolario per trarre con conclusioni aderenti ai testi.

Tra i molti teologi suoi contemporanei si pensi ad esempio a K. Rahner, che sicuramente prendeva le mosse dal medesimo *humus* patristico. È ritenuto tra i teologi più importanti del Concilio Vaticano II, che contribuì a promuovere una nuova visione di Chiesa, attivamente e positivamente aperta al dialogo con le altre confessioni cristiane e con le grandi religioni. Molti ritengono che abbia traghettato la teologia cattolica verso la fine della neoscolastica. Rahner diede il contributo più vigoroso, in ambito cattolico, alla «svolta antropologica» in teologia, cioè alla liberazione del soggetto dall'oggettivismo della teologia scolastica: per Rahner bisogna partire dall'esperienza trascendentale dell'uomo secondo la filosofia kantiana, in alleanza con la ragione, per costituire una teologia che sia autocomprensione dell'essere umano (definito «via della Chiesa») e superare così il divario, creatosi in epoca moderna, tra Rivelazione ed esperienza umana. Tra i frutti del pensiero rahneriano, riveste particolare importanza la teoria teologico-religiosa cosiddetta dei «cristiani anonimi»[46]. Attraverso di essa vengono superate le interpretazioni più restrittive della

---

[46] Cf R. Gibellini, *La teologia del XX secolo*, Queriniana, Brescia 1999, p. 251-253.

dottrina della salvezza ottenibile esclusivamente per mezzo della piena comunione con la Chiesa. «*Cristianesimo anonimo*», spiega Rahner, significa questo:

> *«chiunque segue la propria coscienza, sia che ritenga di dover essere cristiano oppure non-cristiano, sia che ritenga di dover essere ateo oppure credente, un tale individuo è accetto e accettato da Dio e può conseguire quella vita eterna che nella nostra fede cristiana noi confessiamo come fine di tutti gli uomini. In altre parole: la grazia e la giustificazione, l'unione e la comunione con Dio, la possibilità di raggiungere la vita eterna, tutto ciò incontra un ostacolo solo nella cattiva coscienza di un uomo».»*[47]

Sicuramente questo è solo un esempio per mostrare come da conoscenze comuni si arrivi a formulare pensieri diversi.

Ciò che caratterizza la ricerca di Federici è l'amore senza limiti della Scrittura, nei due Testamenti: non ha mai perso occasione di spingere a conoscere le «Sante Scritture», l'Antico Testamento, quale disegno del Padre portato a compimento dal Figlio con lo Spirito Santo, per cui chi ignora l'Antico Testamento ignora Cristo. Mai ha dubitato che la Rivelazione ebraico-cristiana è la massima espressione di relazione tra Dio e l'uomo, perché l'uomo è icona di Dio. Per questo resta indubbio il primato della fede quale dono. Il «Profeta» va sempre accettato e spiegato con amore, sulla scia della grande Tradizione patristica, perché esso annuncia, secondo la legge della «divina condiscendenza», il Mistero di Cristo Risorto. Già da questo possiamo riconoscere un pensiero teologico particolare in Occidente.

Federici, partendo dallo studio della Scrittura, arriva alla comprensione di questa attraverso una lettura parallela e "integrativa" non solo della Patristica occidentale e orientale, ma anche degli sviluppi della teologia medievale e moderna

---

[47] K. Rahner, *La fatica di credere*, Edizioni Paoline, 1986, p. 86.

nelle stesse aree geografiche. I suoi rapporti col mondo teologico orientale sono databili fino agli ultimi giorni della sua vita.

Riconoscendo la bontà e i limiti delle due tradizioni, egli ha fatto parlare la Scrittura con un linguaggio "sostanzialmente" diverso da esegeti e teologi contemporanei di diversa specializzazione. Rigorosamente scientifica e fondata sull'analisi linguistica di vocabolario, la sua lettura della Scrittura e dei Padri, ha contribuito in modo tutto particolare ad offrire una teologia biblica e liturgica che sta riportando alla luce la forza del grande universo simbolico biblico, che la *via nova* della teologia, razionalista e nominalista, aveva completamente obliato.

Ugualmente per la liturgia, analizzata nel corso della storia e nel confronto delle diverse tradizioni, il percorso compiuto comporta la riscoperta della lettura del Mistero celebrato come realtà plasmante l'uomo, che crede ciò che prega per divenire ciò che prega e così giungere alla Vita. La conseguenza di questo è il permanente impegno socio-politico del cristiano, fondato sui sacramenti iniziatici ed esigito costantemente dall'Eucaristia, culmine della divina Carità: da qui la riappropriazione della teologia nuziale fondata primariamente sulla lettura biblica e sulla tradizione liturgico-teologica specie del primo millennio cristiano, nel tempo della Chiesa indivisa.

La "svolta antropologica", poi, è in Federici la *teologia della divinizzazione*, che sicuramente è sviluppata soprattutto dalla lettura dei Padri e dello sviluppo teologico dell'area orientale, ché l'Occidente non l'ha assolutamente approfondita—come la nuzialità—pur conservandola all'interno della sua tradizione liturgica: Dio assume la natura umana perché l'uomo *per grazia* diventi dio.

Infine—almeno per il momento—vorrei sottolineare l'enfasi esegetico-liturgica che il professore ha dato al Mistero della Resurrezione del Signore. Questa è l'elemento che caratterizza tutta la storia della salvezza e determina il tempo della vita delle Chiese. Resurrezione-Dono dello Spirito sono l'*omega* che definisce l'*alfa antico*, ma si rivelano quale *alfa definitivo* della nuova Creazione, perché l'uomo tende ora alla sua resurrezione, sperimentando giorno dopo giorno la sua *trasfigurazione/divinizzazione* mediante l'ascolto della Volontà/Parola, che per la Grazia dello Spirito Santo lo condurrà alla condizione di uomo perfetto come si conviene alla piena maturità di Cristo.

Chi ha ascoltato Federici nelle sue lezioni universitarie o di altro genere, chi lo ha conosciuto, amato e stimato, che ne ha condiviso le sofferenze, sa che tutta la sua esperienza di "povero del Signore" ha realizzato, anche nei momenti critici, queste realtà determinanti la vita cristiana in tutta la sua esperienza. Per questo, non a caso, la sua esistenza è stata coronata dall'incontro col Risorto proprio nella pienezza del tempo della Resurrezione-Pentecoste.

Conclusioni
—
S.E. Mons. Vincenzo Apicella

Di nuovo desidero ringraziare Lamberto per il grande lavoro che sta facendo, sia come lettore dei testi, sia come analista e, diciamo così, interprete del contributo del Prof.

Capiamo benissimo che non si può esaurire una materia così vasta e anche articolata, che è come una miniera, in cui ci sono le varie vene da scoprire lateralmente, man mano che si scava.

Il contributo che ora abbiamo ascoltato dà un quadro d'insieme e mette l'accento su quelli che sono i punti di forza del pensiero del Prof che abbraccia un po' tutta la vita e l'esperienza cristiana.

Il grande merito di Tommaso Federici è quello di non essere stato soltanto uno studioso, quanto un compagno, una guida, un Maestro di "scuola materna", come era scritto sulla porta della sua camera.

Quello che il Prof.ci ha dato, in anni in cui forte era il rischio della dispersione e del disorientamento, è stata la visione unitaria e convergente di tutti gli aspetti della vita cristiana, sia personale, sia ecclesiale e pastorale.

Alla sua scuola anche il servizio pastorale quotidiano assumeva una struttura e una facilità, per cui diventava naturale percorrere certe linee, fare certe scelte, che, torno sempre a ripetere, erano alla portata di tutti, con una evidenza sconcertante

«*Il cibo buono*» diceva il Prof. «*è già sulla tavola, c'è stato preparato, ma noi, spesso, andiamo a rovistare nella spazzatura*» e, da parte mia, rispondevo: «*Professore, lei in fondo è lo scopritore dell'acqua calda*», perché sono realtà di immediata percezione per chi si accosti senza preconcetti e senza sovrastrutture ideologiche al Vangelo, alla Parola di Dio e alla Santa Liturgia.

Fatto sta che quest'acqua calda rimane ancora da scoprire per tanta gente, rimane ancora sconosciuta per tante persone e ci si accorge, con propria sorpresa, che queste realtà sono di difficile acquisizione, nonostante la loro semplicità, forse proprio perché sono semplici.

Partire sempre da Cristo Risorto, ad esempio, è una scelta di lampante importanza, è un'esigenza che viene dal primo corretto accostamento ai Testi, ma poi, ci si accorge, quando si ascolta un'omelia, che la battuta iniziale è quasi sempre:

«*Come dice la prima Lettura ...*».

Partire da Cristo Risorto vuol dire che Natale si celebra nella luce e nella gioia della Pasqua: Cristo è Risorto! Perciò Buon Natale!

Se non fosse risorto, non ci sarebbe neanche bisogno di dirsi Buon Natale, ma la cosa forse spesso non risulta così ovvia, come sembrava a me, dopo aver ascoltato il Prof.

Un altro esempio può essere fornito dalla dispensa pubblicata per ultima, quella sull'omelia, che, a mio avviso, è un trattato tuttora inesistente nel vasto panorama della teologia cattolica.

È un contributo di grande originalità, ma anche di una semplicità e di un'evidenza palmare dire che l'omelia non è un «*discorso con contorno di messa*», ma è liturgia, è celebrazione di Gesù Cristo e che Gesù Cristo parla attraverso l'omileta, che non è chiamato a proporre i suoi pensieri o le sue trovate, ma a dare voce allo Spirito del Risorto.

Si potrebbe continuare con altri esempi, come il valore normativo imprescindibile del Lezionario, domenicale e feriale, ma forse è più opportuno dare la parola all'assemblea.

Dibattito

Don Vincenzo D'Arenzo

Io volevo contraddire Lamberto quando ha affermato che non esiste una *sistematica federiciana*.

A me pare che proprio c'è, e il fatto che, tanti di noi, si trovino ad avere comunanza di pensiero, di interessi, di vita, di sensibilità, che cos'è questo se non una scuola? A cui, in diversi anni, molti di noi sono stati preparati acuendo una sensibilità. Allora, io volevo chiedere a Lamberto che cosa vuol dire che non esiste una *sistematica federiciana*.

Sì, certo una *prima,* una *secunda,* una *tertia,* non è che dobbiamo fare lezione di matematica come il Vescovo Sotir, insomma, ecco. Abbiamo altre esigenze, altre sensibilità. Dobbiamo fare altre cose, insomma e se un pastore ha imparato a fare il pastore e se un omileta ha imparato a fare l'omileta, se un mistagogo ha imparato a fare mistagogia che cos'è Lamberto questo?

Lamberto Crociani o.s.m.

Ti ringrazio per questo intervento, ma il problema qui esposto ha sempre le sue radici storiche e la sua radice storica è Don Vincenzo D'Arenzo, che in un suo intervento, nel convegno di due anni fa, ha contraddetto quando invece oggi afferma. Sicuramente per me è una sistematica, questa, forse perché sono abituato all'insegnamento. Quando ha detto: «*Il professore non ha mai voluto fare un sistema, affermare un suo pensiero*», questo ritengo che sia vero. Ma il fatto che lui abbia offerto a noi il metodo, fa sì che questo crei, immediatamente, una scuola, una scuola di pensiero teologico, che è una scuola di pensiero minoritario, è una scuola di pensiero che, in Occidente, non è ancora facilmente recepibile.

Non a caso ho fatto quell'inciso, credo che l'avete capito tutti. Non avevo nessuna voglia di parlare della teologia di un teologo che amo sempre meno come Karl Rahner, ma l'ho fatto apposta per far vedere quale tipo di sistematicità viene fuori dall'opera di Federici. E, in questo condivido il diacono Paolo, quando ieri ha detto: «*In fondo quando leggiamo le sue opere noi sentiamo che la Comunione ecumenica esiste*». Esiste sulla sua carta, ma esiste nella certezza che per noi Latini, per voi Bizantini, in comunione e non in comunione, c'è e qui è un punto del pensiero, della metodologia, della teologia di Tommaso, c'è un punto che ci accomuna tutti, anche se non sempre possiamo mangiare dello stesso Pane, che è l'A*ltare*, come centro della Carità e centro del Mistero del Convito. Stamani, quando Monsignor Ferrara mi ha posto sulle mani il Santo Pane, ho sentito tutta la forza di questa *unità d'Altare*, e questo mi aveva fatto riflettere a lungo, tanto che, durante tutta la Divina Liturgia, ero distratto, e mi scuso con i confratelli, ancora presenti, che, una volta che ho ricevuto l'abbraccio di pace del Vescovo, mi sono dimenticato che c'erano tutti gli altri perché sentivo veramente quest'unità di comunione d'intenti che *è* questa teologia, che *è* questo sistema teologico. Non dobbiamo aver paura di professarlo, perché professarlo significa professare esattamente i punti del Credo: il *Pátêr Pantocrátor*, il *Kýrios*, l'*Ecclesía*.

Mi direte: «*Allora non ha fatto un sistema!*» L'ha costituito e questo è la rilettura del Credo. Io vorrei proporvela. Forse ve la mando durante l'anno della Fede, la lettura del Credo che c'è nella Mistagogia, ma come dono personale non per pubblicarla.

Lì vedrete che c'è veramente un sistema teologico preciso al quale dobbiamo costantemente riferirci se vogliamo mantenere la ortodossia della fede. Ripensiamo a tutta la situazione teologica dell'Occidente, soprattutto, in questi ultimi 50 anni dal Concilio, e le Scuole teologiche che si sono costituite, con un centro ben determinato: la *antropologizzazione della teologia*. L'ho detto e ridetto: la svolta antropologica di Tommaso è la *divinizzazione*.

Questa è la reale svolta antropologica con tutta questa lettura dell'*uomo dialogo* che non riesco a incontrare in altri teologi, l'*homo dialogus* in rapporto al *lógos*, l'uomo che torna ad essere *dia-logos* dopo che il peccato lo aveva distrutto, realizzando la lacerazione dell'uomo in se stesso, con l'altro da sé, con la terra e con Dio. E a fondamento di questo sta la

Resurrezione e il Dono dello Spirito Santo.

Questo è il sistema. Ma pur essendo ancora molto da dire e riflettere, mi fermo qui.

Don Vincenzo D'Arenzo

Io torno a ripetere che non dobbiamo fare quello che, prima di tutto, il professore non voleva. Non va bene, quando si parla di un sistema teologico, del modo di vedere di Rahner. Per carità! Noi ci stiamo mettendo a parlare di gente che è molto più in alto di noi. Se qualcuno ci sente, ci buttano delle pietre addosso.

Il professore non amava parlare di queste cose. Non le voleva, non le diceva. Perché? Perché il sistema, se vogliamo, sta dentro quello che dobbiamo imparare a fare quindi la Parola di Dio da leggere, la Liturgia da celebrare. Se vogliamo, è questo che lui ha fatto. Il vero mistagogo ci ha preso per mano e ci ha portati dentro a dire: «*Continuate a farlo! Continuiamo a farlo!*» In questo senso ... Un sistema teologico, molte volte, nasce da chi si mette a tavolino e dice: «*Io penso.*»

Era esattamente quello che no voleva, il professore! Ora se questo, per me è chiaro, allora sì che un sistema c'è, quello che dobbiamo scoprire, quello che dobbiamo, pian piano, fare nostro. Era questo l'imperativo di due anni fa e che sento di ripetere ancora oggi, questa mattina.

Il mio intervento, questo è stato provocato, era un altro. Dopo questo giorno e mezzo io ritorno a casa con questa convinzione: il professore è anni luce avanti anche a quello che, in questi giorni, abbiamo sentito e la Liturgia è importante, è stato detto, ma non così importante come il professore ce l'ha fatta capire, amare.

È il punto di partenza, la parola celebrata. È il punto di partenza. La Parola di Dio è importante. La Parola di Dio celebrata, su cui noi ci formiamo, dalla quale partire, per le opere terrene, questo è, ecco, ancora, se vogliamo, un sistema ma è quello che rimane ancora da fare. Nei documenti, nei percorsi che ci sono stati presentati, belli, importanti, ma a me sembra che il professore sembra che ci dica: «*Ma c'è ancora molto da fare.*»

Ci sono ancora dei percorsi che, forse, insieme con lui, appresso a lui, poco poco, con tutti i nostri limiti di ogni tipo, abbiamo cominciato a fare ma che non troviamo, ancora. Oggi si parte, e in tutti i documenti è diventato un sistema, quello di dire: «*Partiamo da un'icona biblica*». Icona biblica: che cos'è? Un brano della Parola, quasi a dire: «*Tutto questo adesso lo rivediamo in quello che va bene a noi*» cioè quello di prendere il testo, Martini ha pubblicato un libretto con l'editore Marietti, *La pratica del testo biblico*, che dice prendi il testo per leggerlo, poi sforzati, fermati, pregalo. Questo non c'è, non avviene, non esiste, per ora, e, a mio modo di vedere, a questo dobbiamo tenderci, con quel piccolo che facciamo nelle nostre Comunità, nelle nostre realtà, anche con i passi indietro che facciamo.

Mi riferisco un po' alle scelte che, qualche volta, sto facendo io stesso. Dopo 24 anni e più che sto in una parrocchia, sento, spesso, intorno a me che non sempre quello che dico sia comprensibile e, allora, qualche volta, la tentazione di tornare indietro, la tentazione di ricominciare daccapo, ecco, a volte viene ma non di ricominciare daccapo su quello che sto dicendo. Di ricominciare daccapo su quello che si fa, in genere, quasi a dire: «*Non mi capiscono. Facciamo quello che fanno tutti*». Il professore ci ha invitato a fermarci sopra, a starci sopra con alcune realtà importanti.

Lamberto Crociani o.s.m.

Il metodo l'ha trovato pure lui e con il metodo, Don Vincenzo, con il metodo hai anche indicato i contenuti e contenuti strutturati in un certo modo.

Don Vincenzo D'Arenzo

È tutto il sistema Rahner forse si è svegliato la mattina, io non voglio parlare così perché poi, dopo, queste cose non le fate vedere e sentire, si è svegliato la mattina e ha detto, ora faccio l'esempio. Federici che già c'è la Parola di Dio etc. è Cristo Risorto a partire da quello.

Questo, se vogliamo, è il sistema ma il sistema è l'invio a quello che c'è, l'invio ai testi che ci sono, Scrittura, Padri, Liturgia sono le grandi realtà che, poi, sono state riprese. Se vogliamo, adesso, è una questione di lana caprina, ecco.

Paolo Gionfriddo

Mi sento di dire grazie, grazie a Don Lamberto perché, ancora una volta, ci ha e vi ha fatto capire la lettura omega. Allorquando, a Mezzojuso, una sera, tra un chinotto e l'altro, il professor Tommaso cercava di spiegare, anche fisicamente, com'era questo discorso, gliel'ho richiesto anche più volte, perché non lo comprendevo bene. Adesso nella riflessione successiva dico grazie perché vado comprendendo sempre di più. In ogni caso, questo è il primo punto, ma un accenno vorrei averlo in relazione alla teologia simbolica, quella che si evidenzia all'interno della Liturgia, essenzialmente, ma non soltanto all'interno della Liturgia. Chiederei un miglior chiarimento.

Essa è Liturgia, Bibbia, Patristica ed è, anche, triplice dimensione della Chiesa nel senso, anche, del convergere nella Carità. Nella tradizione bizantina, la relazione che c'è tra

iniziazione cristiana e nozze, è già stato in parte offerto. A Palermo il tema è stato approfondito in relazione alla creazione uomo/donna, quindi dall'umanità uomo/donna, all'iniziazione fino alla divinizzazione insita nell'iniziazione stessa, fino alla coronazione nuziale, con qualche slancio, insomma, su quella che non è sufficientemente sviluppata, la teologia nuziale.

Pochi, in Italia, ne hanno parlato ...

Lamberto Crociani o.s.m.

Dovrebbe essere la seconda o la terza domenica di febbraio, il prossimo anno. Verrei volentieri a Piana, perché c'è una Liturgia un po' complessa che è la Liturgia della Santa Ortodossia. È la prima domenica di Quaresima. Prova a rileggerti tutto ciò che preghi, canti, e lo fai contemplando l'icona del Volto.

Credo che quando hai compreso quei testi, e li hai compresi guardando il Volto del Cristo, ti chiarisci tutto quanto il livello della teologia simbolica perché credo che l'icona, quale immagine dell'invisibile, è una realtà strettamente e tipicamente liturgica, quella che definisce, chiarisce, fa leggere, tutti i contenuti della teologia simbolica di Tommaso.

Penso a quando il professore attacca drammaticamente l'arte occidentale, l'arte diabolica con la tridimensionalità, con il tutto tondo. Secondo me la comprensione può passare soltanto attraverso la comprensione di questa celebrazione per ritornare al solito punto che è ciò che celebriamo che ci aiuta a comprendere il valore, la realtà dei segni.

Per noi occidentali pensare oggi all'icona come segno è abbastanza difficile e complesso, ma questo è stato anche per noi, perlomeno per il Primo Millennio, e anche oltre, ma quando è venuto, mi si perdoni l'espressione che mi è tipicamente familiare, quando è venuto il barbaro, franco-germanico e Carlo Magno allora lentamente abbiamo perso tutto questo e ci è difficile recuperarlo. Ma è qui dentro che dobbiamo andare a scavare per capire pienamente cosa vuol dire teologia simbolica, per capire come un'icona è una manifestazione, una espressione della Parola della Resurrezione.

S.E. Mons. Vincenzo Apicella

Bene. Io penso che possiamo concludere ringraziando il Signore per questo giorno e mezzo che ci ha dato, in cui abbiamo recuperato le forze, l'entusiasmo, e siamo ritornati alla fonte.

Il rischio è sempre quello dell'allentarsi della tensione. Man mano che si va avanti ma la carica che abbiamo ricevuto dal professore in momenti come questo torna. Lui era quello che diceva a quelli che si lamentavano della crisi: «*Beato te che hai pure il tempo di andare in crisi! Io ho un sacco da fare! Non ho tempo di stare in crisi, ecco*». Questa era la risposta che, normalmente, il professore ti dava.

Recuperare la tensione è guardare avanti per organizzare anche nuovi passi, secondo quello che il Signore ci darà di poter fare con le nostre forze.

Ringraziamo Piero e la Comunità di Pulsano per l'accoglienza e anche per la fatica che hanno fatto in questi giorni. Li abbiamo visti correre a destra e a sinistra, servire a tavola, spostare le sedie, montare quanto era necessario.

Noi siamo stati i beneficiari di quest'attività frenetica a volte senza poter neppure dare una mano. Il professore quando veniva a San Filippo, diceva: «*Son venuti, hanno mangiato, non hanno manco lavato i piatti!*». Non vorremmo, ecco, fare allo stesso modo anche noi.

Programma del Convegno

www.fondazionetommasofederici.it

Cristo Risorto Icona del Padre nello Spirito Santo nelle Chiese di Oriente e di Occidente

4 - 6 ottobre 2012
Abbazia di S. Maria di Pulsano
Monte Sant'Angelo (Foggia)

Nel decennio anniversario del transito del Professore Tommaso Federici, la Fondazione Federici continua col suo nuovo presidente, Giovanni Popescu, e celebrano la messa organizzata nel Convegno di Studio nel luogo ove il suo corpo riposa in attesa della Resurrezione.

Riconoscere le tracce che fondano vitalità della sua originale ricerca: l'evocato della Pasqua, il volere vivere della Liturgia, la tensione ecumenica, vanno messe in testimonianza che la sua presenza ha reso continua ed essere fecondo e illuminante per chi si accinge ancora ad andare fino alla Chiesa, da lui amata e sentita "fino alla fine" (Gv 13,1).

Comitato organizzatore:
- Fondazione Tommaso Federici
- Abbazia Santa Maria di Pulsano

Iscrizione:
È necessaria l'iscrizione la quota pro-capite è di € 90,00 e comprende una copia del volume con gli Atti del Convegno.
È possibile acquisire ulteriori informazioni scrivendo via mail a
segreteria@fondazionetommasofederici.it

Alloggio e pasti
Sono disponibili alcune camere (singole e doppie, con colazione) a tariffa convenzionata presso alberghi e ristoranti in Monte S. Angelo.
A causa della disponibilità limitata e contiguità di prenotare il prima possibile spedendo una scheda a:
segreteria@fondazionetommasofederici.it

I pasti durante il Convegno possono essere consumati presso l'Abbazia di Pulsano, con una libera offerta.

Come si arriva:
In treno:
Dalla stazione centrale di Foggia prendere il pullman sostitutivo di linea SITA per Monte S. Angelo e poi da qui all'Abbazia con un navetta dell'Abbazia, previo appuntamento (tel. 0884561947)

In auto:
Da nord: autostrada A14, uscita Foggia, direzione Gargano, uscita e fino a Manfredonia
Da ovest: autostrada A16, uscita Candela, uscita 55 per Foggia, poi fino a Manfredonia
Da sud (Bari): A14, uscita Foggia, uscita fino a Manfredonia

Da Manfredonia lungo Macchia 165 per Monte S. Angelo, poi seguire i cartelli stradali per l'Abbazia (circa 10m 5).

Tommaso Federici

È nato a Camerano (An) il 20 aprile 1927 ed è morto il 2003 a Roma.

Ha conseguito:
- la maturità classica presso il Liceo serale Vittorio
- la laurea in Lettere Antiche all'Università "La Sapienza" di Roma
- la licenza in Gregorianistica presso l'Università di Sassari
- la licenza in Sacra Scrittura presso il Pontificio Istituto Biblico di Roma
- la laurea in Sacra Teologia presso il Pontificio Ateneo S. Anselmo

Ha insegnato:
- presso il Pontificio Ateneo Liturgico di S. Anselmo
- come professore ordinario, presso la Pontificia Università Urbaniana in Roma
- in un numero altro ateni di Teologia e seminari d'Italia

È stato:
- consultore presso l'Abate Sagramoso per l'Unità dei Cristiani, oggi Pontificio Consiglio per l'Unità dei Cristiani, nella sezione per il dialogo ebraico-cristiano
- esperto della Pontificia Commissione per la Nova Vulgata
- consultore presso la Sacra Congregazione del Culto Divino e i Sacramenti
- consultore presso la Sacra Congregazione per le Chiese Orientali

Con P. E. Lanne e Mons. E. Fortino ha fondato nel periodo 1965, dopo la promulgazione del Decreto sull'Ecumenismo del Vaticano II, il Circolo ecumenico Romano, che ha ospitato incontri mensili al Collegio Greco e pubblicato un bollettino mensile dal 1965 al 1992.

Sono vide commemorazione le pubblicazioni, la traduzione e curatela scientifica di importanti, oltre ad attività articoli per riviste quotidiane.

Si è spento a Roma, dopo lunga malattia affrontata con grande serenità, il 13 aprile 2002.

È sepolto presso l'Abbazia di Santa Maria di Pulsano, nel comune di Monte Sant'Angelo (FG).

PROGRAMMA

Giovedì 4
pomeriggio

arrivo dei partecipanti

- 18,30 Vespro solenne
- 20,30 *Agape festosa*

Venerdì 5
mattino

- 7,30 Lodi
- 9,30 Saluto di benvenuto
  S.E. Mons. Michele Castoro,
  Arcivescovo di Manfredonia-Vieste-
  San Giovanni Rotondo
- 9,45 Presentazione del Convegno
  S.E. Mons. Vincenzo Apicella,
  Vescovo di Velletri-Segni

Sessione I
Coordina: Mons. Lodovico Manle,
Diocesi di Trento

- 10,00 *La Scrittura nella vita della Chiesa dalla Dei Verbum alla Verbum Domini*
  P. Giovanni Odasso o.r.s.,
  Biblista, docente di Sacra Scrittura
  presso l'Istituto Teologico
  "San Bonaventura", Presidente
  dell'Associazione "CIBI"
- 11,00 Discussione
- 13,00 *Agape fraterna*

Venerdì 5
pomeriggio

Sessione II
Coordina: Prof. Lamberto Crociani o.s.m.,
Docente di Sacra Liturgia

- 15,30 *Innovazione liturgiche postconciliari*
  Prof. Don Manlio Sodi,
  Preside della Facoltà di Lettere
  Cristiane Classiche, Presidente della
  Pontificia Accademia di Teologia
- 16,30 Discussione

Sessione III
Coordina: Prof. Luigi Fiorini,

- 17,30 *Gli sviluppi del dialogo ecumenico tra Oriente e Occidente*
  Prof. Paolo Gionfriddo
  Diocesi di Piana degli Albanesi,
  Direttore di Oriente Cristiano
  Archim. Ignazio Sotiriadis,
  Rappresentante della Santa Sinodo
  della Chiesa di Grecia presso
  il Consiglio d'Europa
- 18,30 Discussione
- 19,30 Celebrazione eucaristica presieduta da
  S.E. Mons. Michele Castoro
  Arcivescovo di Manfredonia-Vieste-
  San Giovanni Rotondo
- 20,30 *Agape fraterna*

Sabato 6
mattino

- 7,30 Divina Liturgia + Teogloser
  presieduta da
  S.E. Mons. Sotir Ferrara
  Eparca di Piana degli Albanesi

Sessione IV
Coordina: S.E. Mons. Vincenzo Apicella,
Vescovo di Velletri-Segni

- 10,00 *Scritture, Liturgia, Ecumenismo nel pensiero e nell'opera di Tommaso Federici*
  Prof. Lamberto Crociani o.s.m.
  Docente di Sacra Liturgia
- 11,00 Discussione
- 12,30 Preghiera Conclusiva
- 13,30 *Pranzo commemorativo in salotto*

www.ingramcontent.com/pod-product-compliance
Lightning Source LLC
Chambersburg PA
CBHW060519090426
42735CB00011B/2288